翻子拳

全民健身项目指导用书

吉林出版集团股份有限公司　全国百佳图书出版单位

图书在版编目（CIP）数据

翻子拳 / 王伟主编. -- 2版. -- 长春：吉林出版
集团股份有限公司, 2010.2（2024.8重印）
全民健身项目指导用书
ISBN 978-7-5463-2348-0

Ⅰ. ①翻… Ⅱ. ①王… Ⅲ. ①拳术 – 基本知识 – 中国
Ⅳ. ①G852.19

中国版本图书馆 CIP 数据核字(2010)第 028353 号

全民健身项目指导用书

翻子拳

FANZIQUAN

主　　编	王　伟
责任编辑	黄　群　杜　琳
封面设计	吕宜昌
开　　本	650mm×960mm　1/16
印　　张	8
字　　数	30 千
版　　次	2010 年 2 月第 2 版
印　　次	2024 年 8 月第 4 次印刷
出版发行	吉林出版集团股份有限公司
地　　址	吉林省长春市福祉大路 5788 号
邮　　编	130000
电　　话	0431-81629968
电子邮箱	11915286@qq.com
印　　刷	三河市金兆印刷装订有限公司
书　　号	ISBN 978-7-5463-2348-0　　定　价　39.80 元

序言

自 1995 年我国政府推出《全民健身计划纲要》以来，我国群众性体育活动蓬勃发展，取得了显著的成绩。2008 年，举世瞩目的北京奥运会的成功举办，极大地激发了亿万人民群众的体育热情，增强了全社会的体育意识，营造了浓厚的全民健身氛围。面对这样的可喜局面，群众体育科研、教学工作者应义不容辞地为社会实践服务，从不同角度思考，如何使普通百姓通过简而易行的身体锻炼方式、方法和手段达到良好的健身效果，达到拥有健康的目标，从而享受生活、享受快乐人生。该书系就是在这样的思想指导下诞生的。

本书系能够顺应国家体育的大政方针，掌握时代脉搏，对指导大众健身，使大众掌握健身方法和手段有很好的促进作用。

本书系图文并茂，实用性强，分为球类运动、体操健身运动、传统武术、冰雪运动、水上运动、体育舞蹈、休闲运动、格斗运动、民间体育活动和极限运动等十大类项目，计 100 分册，按照统一的体例，力争有所创新。每册的具体内容为该项目的起源与发展、运动保健、基本

技术、运动技巧、比赛规则等，使读者在学习过程中，不仅能够学会运动健身的方法，同时还能够学到保健方面的基本知识。

经国务院批准，自 2009 年起，将每年的 8 月 8 日定为"全民健身日"。《全民健身项目指导用书》的出版，必将为开展全民健身活动起到积极的推动和指导作用。

目录 CONTENTS

目录 CONTENTS

第一章　概述

　　翻子拳是中华武术宝库中的一个历史悠久的优秀拳种，在明代名"八闪翻"，后俗称"翻子拳"。它是一种以短打为主的拳术，其运动特点是步疾手密，拳法紧密，精悍紧凑，取势迅疾，连三拼四，翻生不息，故得其名。

第一节

起源与发展

翻子拳是流传于中国北方的一个拳种，它主要以直拳、摆拳为主，并以腰力贯穿其身法，使两拳快似闪电，密如疾雨，使人防不胜防，非常实用，被视为中国武林中的精华。

翻子拳的历史悠久。据明代戚继光所著的《纪效新书·拳经捷要》中记载："古今拳学，宋太祖有三十二势长拳，又有……八闪翻……此亦善之善者也。"其中的八闪翻即翻子拳，说明至少在明代，翻子拳就已经被当时的武术家视为较优秀的拳种而倍加称道。但是翻子拳具体的创编者和年代，尚无证可查。

随着翻子拳的不断发展，它逐渐演化成不同的流派，并逐步走上规范化道路，成为全民健身运动的有机组成部分。

翻子拳的传播大约在太平天国时期。当时有位太平军将领，是精通翻子拳的名家，攻打天津失败后，他便隐匿于河北饶阳一带，开始传授翻子拳。翻子拳在河北高阳、沧州、饶阳、安新一带广为流传。清朝末年，翻子拳开始流传于东北。

翻子拳在传授的过程中，经过不断演练、发展和创新，创编出多种套路。它起初只有"站桩翻"一个套路，在此基础上，又派生出八萃翻、轻手翻、掳手翻、健中翻、六手翻、燕青翻和鹰爪翻等套路。由于翻子拳的套路不一样，根据各自套路的独特风格特点，可分为三大流派，即：翻子拳流派、戳脚翻子拳流派和鹰爪翻子拳流派。

中华人民共和国成立后，翻子拳被列为全国武术表演和比赛项目。

近几十年来，翻子拳主要在河北、辽宁、甘肃和陕西等省较为盛行。在西北、东北传播的翻子拳同属一脉，但在劲力和风貌上略有不同。西北所传，经过演化，较多注重以腰发力，浑厚一气；东北所传，则多注重脆快一气。

 发展趋势

翻子拳内容丰富，形式多样，风格独特，运动简便，老少皆宜，具有广泛的群众基础。长期习练可以提高身体的协调性、灵敏性和柔韧性，有助于身体各部位的均衡发展，改善神经系统机能，对心血管系统有良好的作用。因此，随着全民健身运动的蓬勃发展，翻子拳已成为全民健身项目的重要组成部分。

场地和装备

高质量的场地能够为运动提供安全保障，良好的装备是运动参与者较高水平发挥的必要保证。

概述

规格

（1）一般正规比赛场地都为平地或其上铺地毯。场地长 14 米，宽 5 米，沿四周内沿标明 5 厘米宽的边线。在两条长边的中点，各画一条与长边垂直的长 30 厘米、宽 5 厘米的线段，作为中线标志。

（2）在多人比赛或集体练习中，一般人与人之间的距离是前后左右大约 1.5～2.5 米，这样左右增加 1 人，场地的长度就相应增加 2～3 米，前后增加 1 人，场地的宽度也相应增加 2～3 米。

要求

（1）初学者最好在地面质量较好的场地练习，如塑胶场地；

（2）为了能够随时进行练习，练习者也可以选择在空地或家里的地板上（最好铺有地毯或海绵垫子）进行；

（3）练习时一定要遵循循序渐进的原则，以减少运动损伤。

 装备 ◆◆◆◆◆◆◆◆

 服装

❄ 款式

服装应具有中华民族特色，其中有不同规格的沿边、布衿、绸腰带、板带、灯笼袖口和灯笼裤脚等。现代武术服装亦有西式裤、短袖上衣等式样，可镶有不同色泽的装饰品，但要以不影响动作为前提。

❄ 材质

服装可用绸料、缎料或其他布料制成。

❄ 要求

（1）武术的服装以宽松，易透汗为佳，并且应具备耐磨，抗划伤等优点，颜色主要分黑、红、蓝、白，常用的为黑色；

（2）服装上不得有多余的附带物；

（3）鞋一般用软胶底，应便于蹬地和发力，而且防滑。最好是聚氨酯鞋底，高耐磨，轻便舒适。

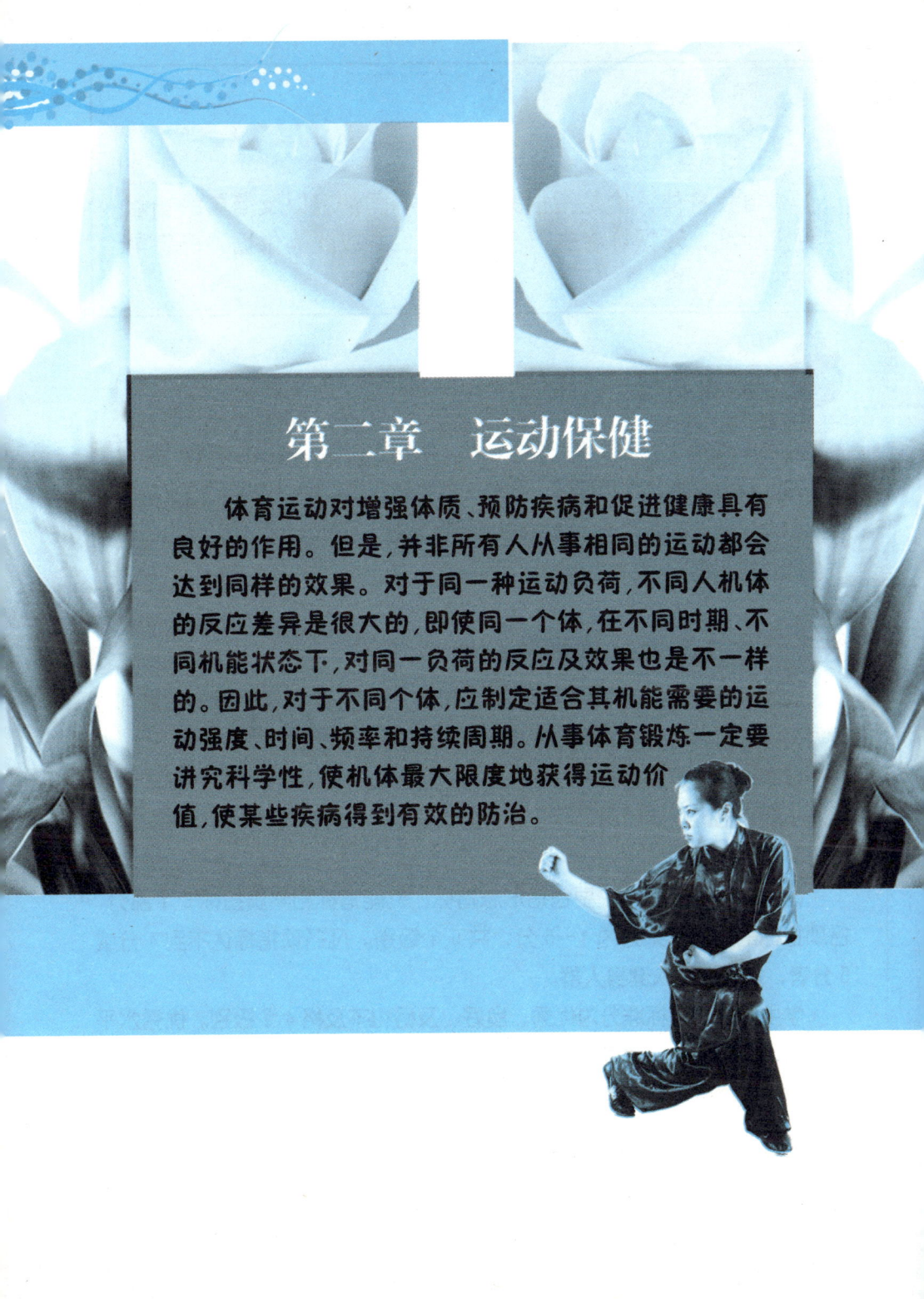

第二章　运动保健

　　体育运动对增强体质、预防疾病和促进健康具有良好的作用。但是,并非所有人从事相同的运动都会达到同样的效果。对于同一种运动负荷,不同人机体的反应差异是很大的,即使同一个体,在不同时期、不同机能状态下,对同一负荷的反应及效果也是不一样的。因此,对于不同个体,应制定适合其机能需要的运动强度、时间、频率和持续周期。从事体育锻炼一定要讲究科学性,使机体最大限度地获得运动价值,使某些疾病得到有效的防治。

第一节

自我身体评价

　　自我身体评价是指根据个体的不同情况以及简单的功能评定标准，对锻炼者进行身体评价，并以此为依据，确定具体的锻炼内容。

适宜人群

　　体适能是全身适应性的一部分，是人体精神和体力对现代生活的适应能力。为了促进健康，预防疾病，提高生活质量和工作学习效率，几乎所有人都可以追求健康的体适能，而且经过简单的评价和测试，均可以成为目标人群，即适宜人群。

健康体适能评价标准

　　健康体适能是指身体有足够的活力和精力处理日常事务，而不会感到过度疲劳，并且还有足够的精力去享受休闲活动和应对突发事件。

　　健康体适能是确定锻炼者是否为运动适宜人群的主要依据。目前的评价标准主要包括国民体质测定标准、学生体质测定标准和普通人群体育锻炼标准等。

　　国民体质测定标准主要包括形态指标、机能指标和素质指标 3 个部分，各项指标的测定结果均为 1～5 分，共 5 个级别。凡各项指标达不到 4 分或5 分者，均应被纳入健身人群。

　　学生体质测定标准分为优秀、良好、及格和不及格 4 个级别。优秀水平以下者，均应被纳入健身人群。

　　普通人群体育锻炼标准分为 5 个级别，凡达不到 4 分或 5 分者，均应被纳入健身人群。

简易运动功能评定

简易运动功能评定的目的在于确定运动对象有无运动禁忌症或临时运动禁忌的情况，即是否适合参加体育锻炼，以达到防备万一、避免意外事故发生的目的。目前通行的方式是 3 分钟踏台阶测试。

目的

测试锻炼者运动后心率恢复的情况，以评估其心肺功能。

器材 见图 2-1-1

•30 厘米高的长凳、节拍器、秒表和时钟。

步骤 见表 2-1-1

图 2-1-1

（1）节拍器设定为每分钟 96 次，锻炼者依"上上下下"的节拍运动 3 分钟。

（2）锻炼者完成 3 分钟踏台阶后，5 秒钟内开始测量其脉搏，时间为 1 分钟，记录其心率，并依据下表评价其功能水平。

（3）运动后心率越低，证明其心肺功能越好。在运动强度允许的范围内，锻炼者可选择运动强度的较高值来进行运动。

 **表 2-1-1 3 分钟台阶测试评价表**

	年龄(岁)	欠佳(次)	尚可(次)	一般(次)	良好(次)	优异(次)
男士	18~25	>115	105~114	98~104	89~97	<88
	26~35	>117	107~116	98~106	89~97	<88
	36~45	>119	112~118	103~111	95~102	<94
	46~55	>122	116~121	104~115	97~103	<96
	56~65	>119	112~118	102~111	98~101	<97
	65+	>120	114~119	103~113	96~102	<95
女士	18~25	>125	117~124	107~116	98~106	<97
	26~35	>128	119~127	111~118	98~110	<97
	36~45	>128	118~127	110~117	102~109	<101
	46~55	>127	121~126	114~120	103~113	<102
	56~65	>128	118~127	112~117	104~111	<103
	65+	>128	122~127	115~121	101~114	<100

自我身体评价

注意事项

如受试者经过努力仍无法完成测试，或出现头晕、胸闷、出冷汗等症状，应终止测试。运动中应特别考虑运动强度，以防出现意外。

锻炼目标 ◆◆◆◆◆◆◆◆

锻炼目标应根据个体不同的身体状况来确定，可分为近期目标和远期目标。此外，确定锻炼目标还应结合锻炼者的运动意向、愿望和兴趣以及本人的健康状况、疾病程度等因素。

近期目标

近期目标是指锻炼者近期应达到的目标。在进行运动之前，应首先明确锻炼目标，即近期目标。选择一两个健康体适能构成要素，作为未来两个月内努力完成的目标，而且应从成功概率较高的构成要素开始，并将预期两个月后要达到的目标做上记号，如提高某个或某些关节的活动幅度，增强某个肌肉群的力量等。

远期目标

远期目标是指锻炼者最终要达到的目标。实践证明，经过科学合理的锻炼后，锻炼者是可以达到一般的远期目标的，如提高心肺功能，使其达到优秀的等级，或达到降血脂、防治高血压和冠心病的目的等。

运动负荷 ◆◆◆◆◆◆◆◆

运动负荷即运动量。怎样控制运动量，合适的运动时间是多少等，一直是人们争论不休的问题。但有一点是可以肯定的，那就是任何有关身体活动的意见和建议，都需要综合考虑锻炼者的身体状况和所要达到的目标，并以此为依据来制订科学的身体锻炼计划。

 运动强度

运动过程中，运动强度过小，达不到锻炼的效果；运动强度过大，不仅达不到最佳的锻炼效果，还可能产生一些副作用，甚至出现意外事故。确定运动强度有两种方法。

心率简易推测法

（1）年龄在20岁左右的年轻人，身体健康，能坚持体育锻炼，欲进一步提高身体机能，可取最大心率值（最大心率值＝220－年龄）的65%～85%。

（2）年龄在45岁以下，身体基本健康，有运动习惯者，开始进行健身锻炼，可取最大心率值的65%～80%，没有运动习惯者，开始进行健身锻炼，可取最大心率值的60%～75%。

（3）年龄在45岁以上，身体基本健康，有运动习惯者，开始进行健身锻炼，可取最大心率值的60%～75%，没有运动习惯者，建议根据自身情况咨询专业人员来指导和确定运动强度。

主观感觉疲劳分级表推测法 见表2-1-2

运动的疲劳程度大致分为10级，具体为：0～1级，没感觉；2～3级，尚轻松；4～5级，稍累；6～7级，累；8～9级，很累；10级，精疲力竭。因此，健身锻炼的运动强度应控制在主观感觉疲劳程度的4～7级。

 表2-1-2　主观感觉疲劳分级表

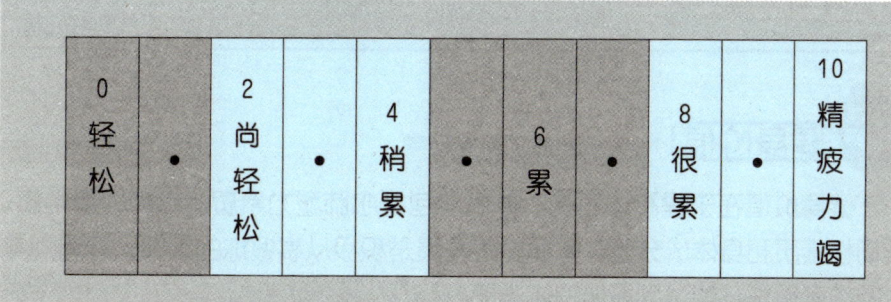

0 轻松	●	2 尚轻松	●	4 稍累	●	6 累	●	8 很累	●	10 精疲力竭

运动频率是指每日及每周锻炼的次数。一般每周锻炼 3～4 次，即隔日锻炼 1 次即可。有充足的休息时间，可使身体得到充分的休息，收到更好的锻炼效果。

运动持续时间

运动强度和运动持续时间，决定了一次锻炼的运动量和热量消耗。运动持续时间与运动强度成反比，运动强度大，运动持续时间可相应缩短，运动强度小，则运动持续时间应相应延长。

一般的健身锻炼，运动持续时间以每天 20～60 分钟为宜，其中包括准备活动时间、健身锻炼时间和整理活动时间。每次健身锻炼应在 20 分钟以上，锻炼可一次性完成，也可分段进行，但每段的活动时间应在 10 分钟以上。

第二节

运动价值

运动价值一直是人们探讨的问题，一般认为运动具有两方面的价值，即健身价值和心理价值。身体和精神的健康是相互依存的，伴随着身体功能的改善，精神状况逐渐也能同时得到改善。

健身价值在于提高体适能。体适能包括心肺耐力素质、肌肉力量素质、柔韧性素质和身体成分等。体适能的发展是积极从事锻炼的结果，只有规律性的体育锻炼才能达到最佳的体适能。

提高心肺耐力素质

心肺耐力是指全身肌肉进行长时间运动的持久能力，是体内心肺系统对身体各细胞的供氧能力。人体的心脏、肺、血管、血液等组织的功能是心肺耐力的基础，它们与氧气和营养物质的输送以及代谢物的清除有关。健全的心肺功能是健康的基本保证。

系统的体育锻炼，可以使心肌增厚，收缩力加强，心室容积增大，从而使心脏的泵血功能增强，表现为心血输出量增加。

系统的体育锻炼，呼吸系统机能也将得到提高，表现为呼吸肌的力量增强，肺活量、肺通气量明显增加，保证对机体供氧的能力。

系统的体育锻炼，可以促进血管系统的形态、机能和调节能力产生良好的适应力，从而提高机体的工作能力。

系统的体育锻炼，可以使血液系统产生某些适应性变化，如血容量增加、血黏度下降、红细胞膜弹性增强和红细胞变形能力增强等。

提高肌肉力量素质

肌肉力量是指肌肉最大收缩产生的对抗阻力或负荷的能力。肌肉力量只有达到一定的程度，才能克服外界阻力，而克服外界阻力是维持日常生活自理、从事各种劳动和运动的必要前提。

系统的体育锻炼，可以提高肌肉的生理横断面积，可以改善神经系统对肌肉收缩的支配功能，还可以提高肌肉内代谢物质的储备量，使肌肉力量得到提高。

提高柔韧性素质

柔韧性是指人体各关节的活动幅度，即关节的肌肉、肌腱和韧带等软组织的伸展能力。柔韧性对于保证正常生活质量、维持正常体态、预防损伤发生和减轻损伤程度等方面均起到至关重要的作用。

系统的体育锻炼，还可以延缓因年龄因素而导致的柔韧性下降，预防因缺乏运动而导致的关节结构、周围软组织和膝关节肌肉退化，从而使锻炼者

的日常生活、劳动和运动等更加充满活力。

改善身体成分

身体成分是指人体体重中的脂肪组织和去脂组织的重量百分比。身体成分中的脂肪成分增加，肌肉成分必然下降。身体中不具备收缩功能的脂肪组织增加，必然导致身体进行各种活动的能力下降，基础代谢水平降低，肥胖症、冠心病、高血压、糖尿病、高血脂等慢性疾病发病率的提高。因此，身体成分是保证人体健康的重要内容之一。

通过系统的体育锻炼，随着锻炼者体质的增强，热量消耗便随之增加，进而燃烧掉体内多余的脂肪，使身体成分得到改善。而身体成分的改善，又可以减少体重对关节可能带来的不利影响，还可以使肥胖者的心理状况得到改善，增强其自信心，使其逐步建立起健康的生活方式。

心理价值

研究证明，有规律的体育锻炼不但可以使锻炼者增强体质、促进身体健康、预防一些慢性疾病，还可以提高锻炼者的生活满意度和生活质量，对其心理健康产生积极影响。

体育锻炼的心理健康效应主要表现在六个方面：

改善情绪状态

短期效应

研究发现，体育锻炼对人的情绪状态具有显著的短期效应。运动后人们的焦虑、抑郁、紧张和心理紊乱等症状会明显减轻，而精力和愉快程度则会明显增强。而且这种情绪的迅速变化，与锻炼者个体的健康状况、活动形式和活动强度等有着直接的联系。

长期效应

体育锻炼对人情绪的长期效应有着直接的影响，与不锻炼者相比，有规律的锻炼者在较长时期内很少会产生焦虑、抑郁、紧张和心理紊乱等情绪。

运动保健

完善个性行为特征 见表 2-2-1

　　人们的行为特征一般可以分为两种类型，用 A 型行为特征和 B 型行为特征来表示。A 型行为特征主要表现为性情急躁、争强好胜、容易激动、整天忙碌和做事效率高等。B 型行为特征主要表现为不好竞争、不易紧张、不赶时间、对人随和、喜欢自由自在等。具有 A 型行为特征的人由于过度紧张的情绪反应，会引起内分泌失调，增加心脏病发病的概率。目前的一些研究主要集中在体育锻炼对改变 A 型行为特征的作用方面。研究结果表明，有规律的体育锻炼能明显改变 A 型行为特征。

 表 2-2-1　A、B 型个性行为特征常见表现

A 型行为特征者常见表现	B 型行为特征者常见表现
约会从来不迟到	对约会很随便
竞争意识很强	竞争意识不强
别人要讲话时总爱抢先或插话	是别人讲话时很好的听众
总是匆匆忙忙	即使有压力也从不匆忙
等待时缺乏耐心	能够耐心等待
干事时全力以赴	处事漫不经心
同时想干很多事	在一段时间里只干一件事情
讲话喜欢用加强语气，甚至敲桌子	讲话语速缓慢、不慌不忙
做了好事希望能得到别人的认可	只要自己满意即可，不管别人怎样想
吃饭、走路都很快	做事情很慢
不善与人相处	为人随和
容易暴露自己的感情	能控制自己的感情
具有广泛的兴趣	没什么业余爱好
雄心壮志	满足于目前的工作和学习状况

 确立良好自我概念

　　自我概念是指个体对自己身体、思想和情感的主观整体评价，它由许多自我认识组成，包括我是什么人、我主张什么和我喜欢什么等。

　　坚持体育锻炼，可以使锻炼者体格强健、精力充沛、提高驾驭身体的能力，从而改善对自身的满意程度，确立良好的自我概念。

运动价值

 改变睡眠模式

根据脑电图的显示，人的睡眠可以分为两种状态，即慢波睡眠状态和快波睡眠状态。前者为浅度睡眠状态，后者为深度睡眠状态。一夜之间两种睡眠状态会交替发生 4～5 次。

有规律的体育锻炼不仅对慢波睡眠有促进作用，而且能缩短入眠的潜伏期，并延长睡眠的时间。

 改善认知能力

体育锻炼还能改善人的认知过程，避免反应时间过长、注意力不集中和思维混乱等症状的发生，尤其对老年人的认知能力改善效果更为明显。

 增加心理治疗效应

体育锻炼被公认为是一种心理治疗的好方法。目前人群中常见的心理疾患是抑郁症和焦虑症。研究发现，体育锻炼是治疗抑郁症的有效手段之一，抑郁症患者经过有规律的体育锻炼，抑郁症状能明显减轻。

体育锻炼还具有治疗焦虑症的作用，通过有规律的体育锻炼，可以使锻炼者的焦虑症状明显改善。

第三节

运动保护

在运动过程中，人体机能会随时发生变化。因此，应针对这种机能变化的特点来进行体育锻炼，也就是我们所说的运动保护。运动保护一般包括运动前准备、运动后放松和自我养护三个方面。

 **运动前准备**

准备活动是指在正式运动之前进行的有目的的身体练习。做好充分的

准备活动，可以缩短机体进入最佳状态的时间，同时还可以预防运动损伤的发生，为机体发挥最大的工作效率做好功能上的准备。

准备活动的作用

提高中枢神经系统兴奋状态

（1）使大脑反应速度加快，参加活动的运动中枢神经相互协调。

（2）为正式运动时生理机能达到适宜程度提前做好准备。

提高机体代谢水平

（1）准备活动可以使锻炼者体温升高，降低肌肉黏滞性，使肌肉的伸展性、柔韧性和弹性增强，从而有效预防运动损伤的发生。

（2）准备活动可以增强体内代谢酶的活性，使物质代谢水平提高，以保证运动时有较充分的能量供应。

克服内脏器官生理惰性

（1）准备活动可以提高心血管系统和呼吸系统的机能水平，使肺通气量及心血输出量增加。

（2）可以使心肌和骨骼肌的毛细血管扩张，使其工作肌获得更多的氧，从而克服内脏器官的生理惰性，使之尽快达到最佳状态。

增加皮肤毛细血管的血流量

准备活动可以使皮肤毛细血管的血流量增加，运动后毛细血管扩张，有利于散热，降低体温，有效防止开始正式活动时由于体温过高而影响运动能力。

准备活动要求

准备活动时间

（1）准备活动的时间可以根据运动项目的具体情况确定，一般以 10～30 分钟为宜。

（2）准备活动与正式运动的间隔时间，一般以不超过 15 分钟为宜，可以在做完准备活动后立刻进行正式运动。

运动保护

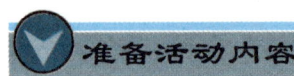准备活动强度

(1)准备活动的强度和量应较正式运动小,以免引起不必要的疲劳。

(2)准备活动的量可以由心率来决定,心率以100~120次／分为宜。

准备活动内容

一般性准备活动

一般性准备活动的内容多以伸展运动开始,然后进行一般性的跑步、徒手体操等活动。

下面介绍一套常用的一般性准备活动操,供锻炼者运动前使用。这套活动操主要包括头部运动、肩部运动、扩胸运动、体侧运动、体转运动、髋部运动和踢腿运动等。

头部运动

头部运动的动作方法(见图2-3-1):两手叉腰,两脚左右开立,做头部向前、向后、向左、向右,以及绕环运动。

图 2-3-1

肩部运动

肩部运动的动作方法（见图 2-3-2）：手扶肩部，屈臂向前、向后绕环，以及直臂绕环。

扩胸运动

扩胸运动的动作方法（见图 2-3-3）：屈臂向后振动及直臂向后振动。

体侧运动

体侧运动的动作方法（见图 2-3-4）：两脚左右开立，一手叉腰，另一臂上举，并随上体向对侧振动。

体转运动

体转运动的动作方法（见图 2-3-5）：两脚左右开立，两臂体前屈，身体向左、向右有节奏地扭转。

髋部运动

髋部运动的动作方法（见图 2-3-6）：两脚左右开立，两手叉腰，髋关节放松，向左、向右 360 度旋转。

图 2-3-2

图 2-3-3

踢腿运动

踢腿运动的动作方法（见图 2-3-7）：两臂上举后振，同时一腿向后半步，重心置于前腿，两臂下摆后振，同时向前上方踢腿。

图 2-3-4

图 2-3-5

图 2-3-6

图 2-3-7

专门性准备活动

专门性准备活动的动作方法、节奏和强度等与正式锻炼相似，目的是使人体主要肌群在运动前得到动员，为正式锻炼做好准备。

运动后放松

运动后放松是指运动之后所进行的一些能够加速机体功能恢复的、较轻松的身体活动。与运动前准备活动相反，其目的是使锻炼者的生理机能水平逐步得到恢复。

运动性手段

（1）运动结束后，锻炼者可采用变换运动部位的方法来消除疲劳，如上肢出现疲劳时可做一些慢跑运动，下肢出现疲劳时可做一些上肢运动。

（2）转换运动类型也是一种不错的放松方法，如打羽毛球出现疲劳时，可从事瑜伽运动来达到放松的目的。

（3）还可以用调整运动强度的方法来缓解疲劳，如可以在放松过程中，采用小强度的轻微运动方法等。

整理活动　见图 2-3-8

（1）整理活动是指运动后所做的一些能够加速机体功能恢复的身体活动，如剧烈运动后进行 3～5 分钟慢跑或其他整理活动，使身体机能得以恢复。

（2）剧烈运动后如不做整理活动而骤然停止动作，会影响氧气的补充和静脉血的回流，使机体血压降低，引起不良反应。

图 2-3-8

（1）在进行整理活动时动作应缓慢、放松，运动量不要过大，否则会引起新的疲劳。

（2）在进行整理活动时，应当保持心情舒畅、精神愉快。

锻炼后，锻炼者感觉身体疲劳是一种正常的生理现象，是体育锻炼过程中的正常反应，随着体育锻炼时间的延长，疲劳症状会自然消失。运动性疲劳出现后，锻炼者如果采用一些自我养护措施，可以加速身体机能的恢复，尽快消除疲劳，提高锻炼效果。常见的自我养护方法主要包括运动后休息、合理营养和物理手段等三种。

静止性休息　见图 2-3-9

（1）静止性休息是指锻炼者运动后保持机体相对的静止状态，以促进身体机能的恢复，尽快消除疲劳。

（2）静止性休息的最佳方式之一是睡眠，特别是刚开始从事锻炼者，身体不适应或疲劳症状明显时，更应该保证足够的睡眠，否则，锻炼者虽然积极参加了体育锻炼，但收效甚微，甚至会导致过度疲劳症状的发生。

（3）静止性休息更适合于消除全身运动导致的整体疲劳症状。

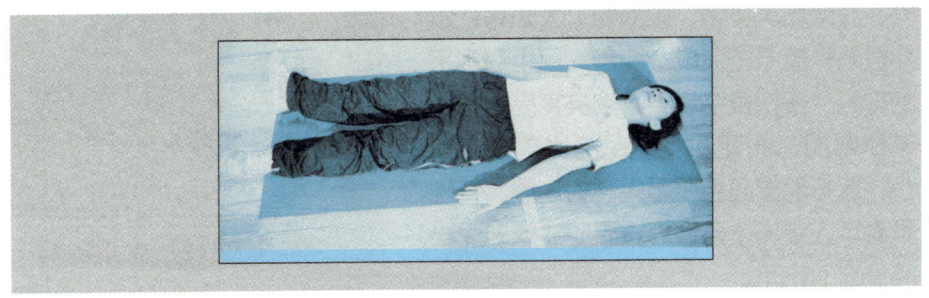

图 2-3-9

积极性休息 见图 2-3-10

（1）积极性休息更适合由于少量肌肉群参与工作而导致的局部疲劳，或运动强度较大而导致的快速疲劳。

（2）积极性休息可以加速血液循环，有利于代谢物排出体外，对促进身体机能的恢复具有明显的效果。

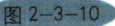
图 2-3-10

合理营养 见图 2-3-11

　　小强度、长时间的运动形式，主要是靠糖原的有氧代谢提供能量。运动后应及时补充淀粉类食物，如面粉、大米等，以促进消耗糖原的合成。随着人民生活水平的提高，在饮食结构中，肉类食品的比重不断增加，而淀粉类食品的比重逐渐减少，这一现象应当引起人们的注意，特别是老年人参加体育锻炼，更应注意对淀粉类食物的补充。

图 2-3-11

　　强度较大、时间又相对较长的运动形式，主要是靠糖原的无氧代谢提供能量。这样，糖原无氧代谢产物——乳酸便会在体内大量堆积。因此，运动后应多补充蔬菜、水果等碱性食品，以加速乳酸的清除，达到尽快消除疲劳的目的。

物理手段

⚙ 按摩及牵拉 见图 2-3-12

　　（1）通过刺激神经末梢、皮肤结缔组织和毛细血管的按摩方法，可以使紧张的肌肉得以放松，从而改善局部组织和全身的血液循环，达到促进身体机能恢复的目的，这种方法可以在锻炼后马上进行。

　　（2）此外，还可以采取缓慢牵拉肌肉的方法，使收缩的肌肉得到充分的伸展放松。

⚙ 水疗及电疗

　　（1）水疗包括芬兰式蒸汽浴、热水浴和桑拿浴等多种形式，主要作用是通过提高体温，促进血液循环，清除代谢物，以达到尽快消除疲劳、恢复体力的目的。

　　（2）水疗的时间一般以不超过 30 分钟为宜，如果时间过长，会进一步消耗体力，严重时甚至会出现暂时性脑缺血现象。

（3）如果条件允许，还可对疲劳的肌肉进行低频治疗。低频治疗仪的原理是模拟针灸疗法，使用时将电极用不干胶对称地粘贴在运动部位表皮上。这种疗法可以促进局部血液循环，改善组织代谢，缓解肌肉酸痛，消除疲劳。

图 2-3-12

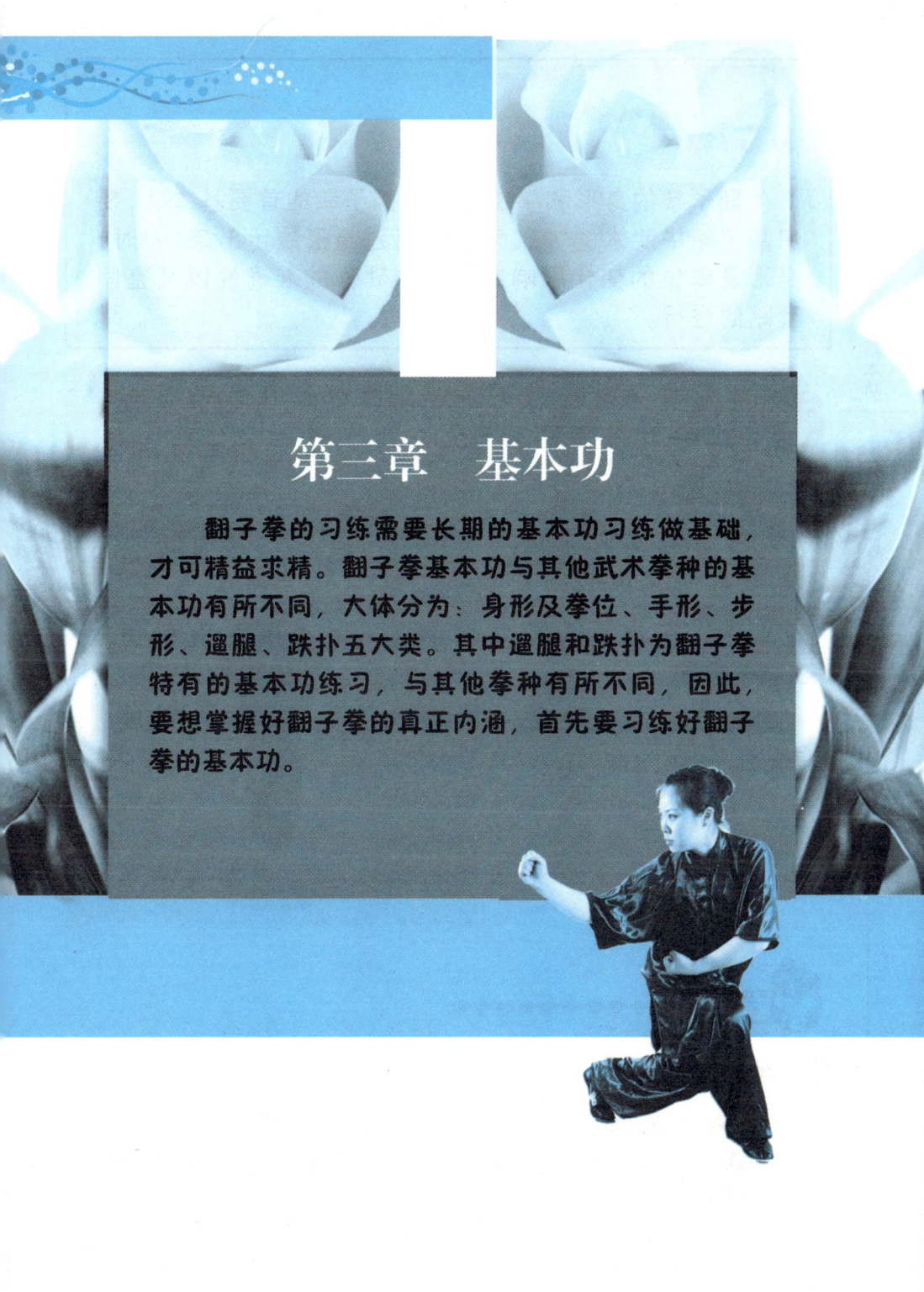

第三章　基本功

　　翻子拳的习练需要长期的基本功习练做基础，才可精益求精。翻子拳基本功与其他武术拳种的基本功有所不同，大体分为：身形及拳位、手形、步形、遛腿、跌扑五大类。其中遛腿和跌扑为翻子拳特有的基本功练习，与其他拳种有所不同，因此，要想掌握好翻子拳的真正内涵，首先要习练好翻子拳的基本功。

第一节

身形及拳位

翻子拳的身形和拳位是习练翻子拳的首要基本功,要将翻子拳中武术的"精、气、神"通过身形展示出来,同时,身形及拳位的变化影响着翻子拳动作的准确性以及整体套路的进行。

身形

动作方法 见图 3-1-1

头正,项竖,肩平,胸挺,腹收,腿直,双脚跟并拢,双手自然下垂。

技术要点

两眼目视前方,下颏略收,沉肩坠肘。

图 3-1-1

拳位

动作方法 见图 3-1-2

(1)双拳出击前所在的位置包括上位双乳侧、中位腰间、下位两胯;

(2)戳脚翻子在演练之中,双拳通常收于腰间拳位,上位及下位则视招式的要求而使用。

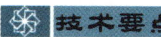 **技术要点**

头正，沉肩，由于两臂握拳提起，发力方式是由肩而发。

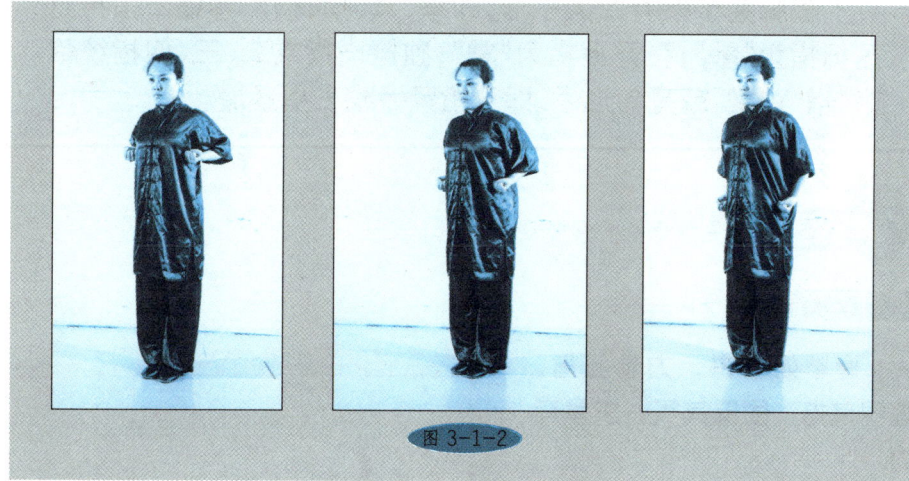

图 3-1-2

身形及拳位

第二节

手形

戳脚翻子拳有四大手形,即拳、掌、指、横。卷缩四指再封压拇指为"拳";张开五指为"掌";独挺一指或二、三、四指统称为"指";"横"就是勾形手,即五指紧撮或三指紧撮。

拳 ◆◆◆◆◆◆◆◆

 动作方法 见图 3-2-1

握拳如卷饼,力卷五指,握固其指,团聚其气,求拳有力。

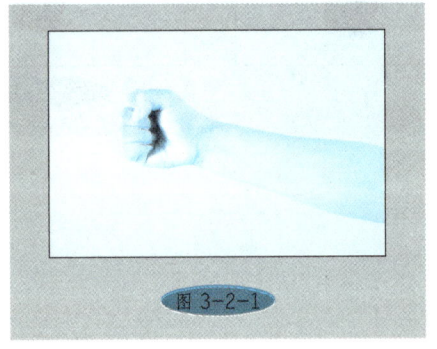

图 3-2-1

技术要点

(1)拳头握好后的标准是分之不散;

(2)击之不开,方为适宜。

▼ 拳有五名

(1)拳眼五形五势是指屈卷与拇指封压的中心;

(2)拳尾是指小指屈卷的中心;

(3)拳背是指握拳的手背;

(4)拳心是指四指屈卷的手心;

(5)拳顶是指四指屈卷与拳背间的关节。

此外,四指屈卷的平面又称作拳面。

五形即指平拳、甲嘴拳、鸡心拳、空心拳、梗拳。

五势即指竖(直)拳、拽拳、阳拳、阴拳、托拳。

 **平拳**

 **动作方法** 见图 3-2-2

（1）四指屈卷握紧，再扣拇指按压在示指中节和中指中节并接处；

（2）拳面平整，四指不准有凹凸现象出现。

技术要点

"握拳如卷饼"，指间不留缝隙，体会力达拳面。

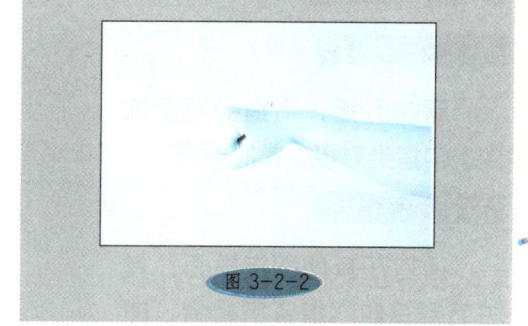

图 3-2-2

手形

甲嘴拳

动作方法 见图 3-2-3

屈卷四指，拇指指尖插顶于示指中节。

技术要点

拇指指尖顶住示指，示指第二关节与第三关节形成角度突出拳面。

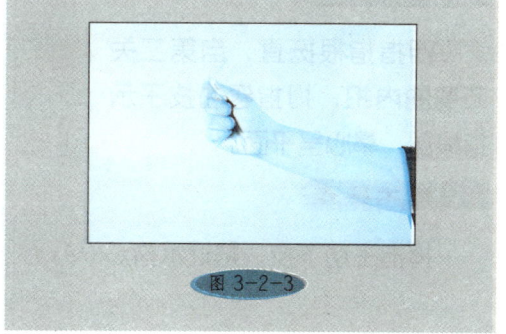

图 3-2-3

 鸡心拳

动作方法 见图 3-2-4

屈卷四指，突出中指第二关节，拇指扣压在中指前节上。

基本功

技术要点

示指与无名指夹住中指，拳力达中指第二关节，拇指起辅助作用。

空心拳

动作方法 见图 3-2-5

弯曲五指，拇指尖与示指尖、中指尖对接，拳心要空。

技术要点

拇指在其他四指后面，其关节与其他四指紧密相合，辅助四指发力。

梗拳

动作方法 见图 3-2-6

四指指根挺直，自第二关节弯曲内扣，拇指弯曲按于示指根部，拳心呈平面。

技术要点

拇指主动下按，贴近示指。

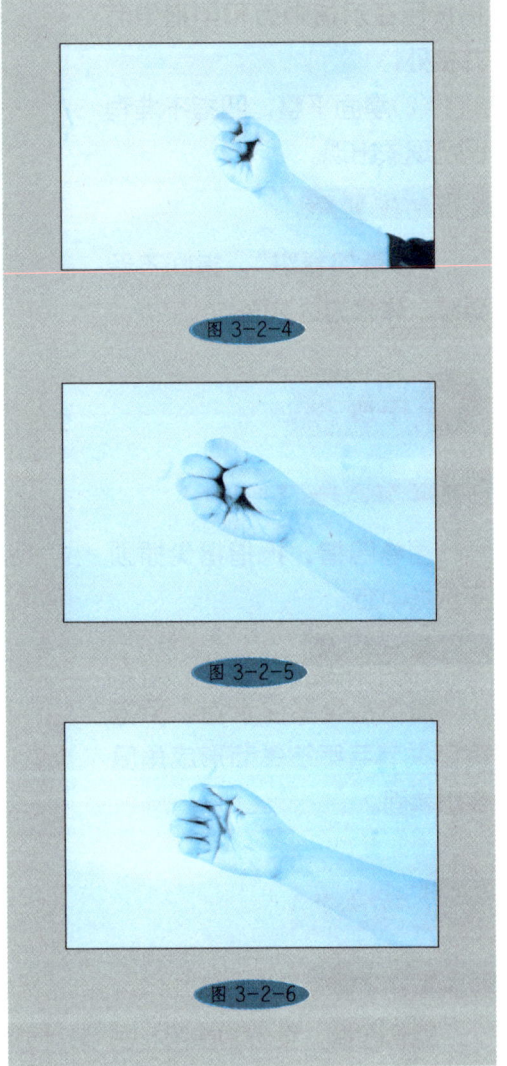

图 3-2-4

图 3-2-5

图 3-2-6

竖(直)拳

动作方法 见图 3-2-7

拳眼朝上击出。

技术要点

出拳求直线，力达拳面。

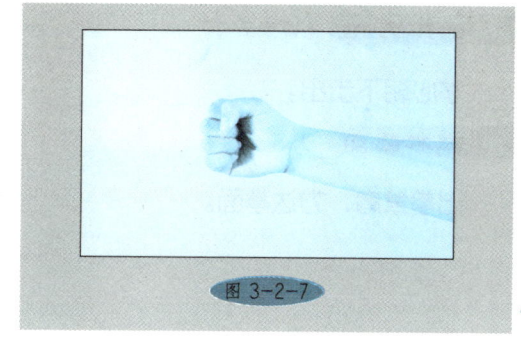

图 3-2-7

拽拳

动作方法 见图 3-2-8

拳眼朝下击出。

技术要点

体会身体辅助出拳发力，体会出拳弧线带来的惯性。

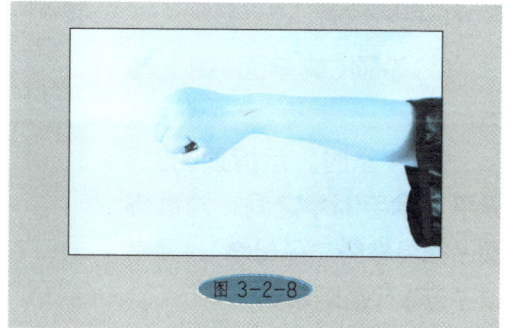

图 3-2-8

阳拳

动作方法 见图 3-2-9

拳心朝上击出。

技术要点

出拳耸肩，力达拳面。

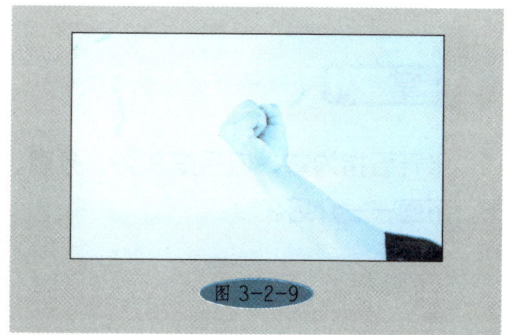

图 3-2-9

阴拳

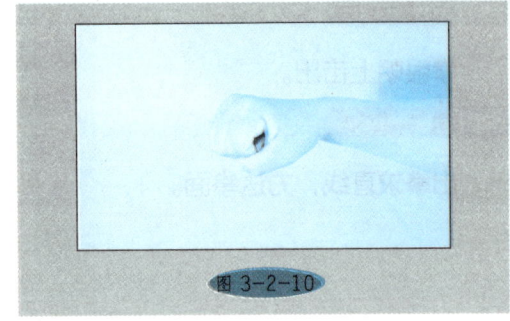

动作方法 见图 3-2-10

拳心朝下击出。

技术要点

出拳耸肩，力达拳面。

图 3-2-10

基本功

托拳

动作方法 见图 3-2-11

（1）拳顶（或拳面）朝上击出；

（2）冲拳时，示指顶朝上，界乎竖拳与阴拳之间，为戳脚翻子独具拳势"子母拳"，通常以子母拳代替阴拳。

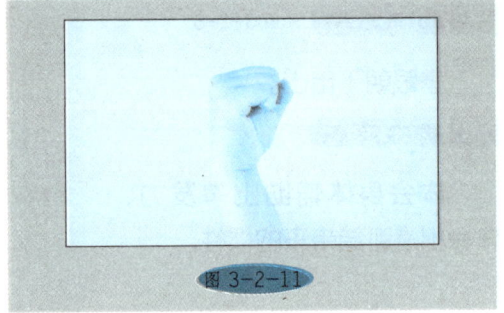

图 3-2-11

技术要点

手与小臂配合发力，力达拳面，平拳击出。

掌

张开五指为掌，依手指并列、分离、屈伸的形状而各具名称。掌有五形，下面一一介绍。

 荷叶掌

动作方法 见图 3-2-12

五指伸直，指间有缝。

技术要点

五指着力伸直，指尖用力伸直。

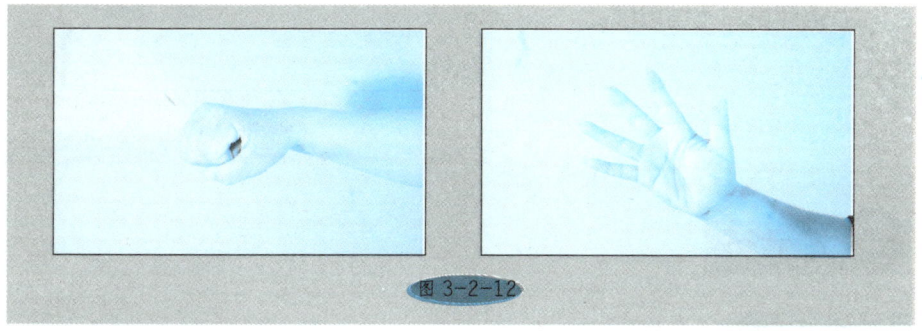

图 3-2-12

 瓦垄掌

动作方法 见图 3-2-13

拇指向内扣，四指伸直、并拢，四指与掌心呈凹形似瓦垄。

技术要点

四指伸直用力，体会掌根发力。

图 3-2-13

手形

 柳叶掌

动作方法 见图 3-2-14

五指伸直，并紧靠，齐如柳树叶。

技术要点

五指伸直且不留缝隙。

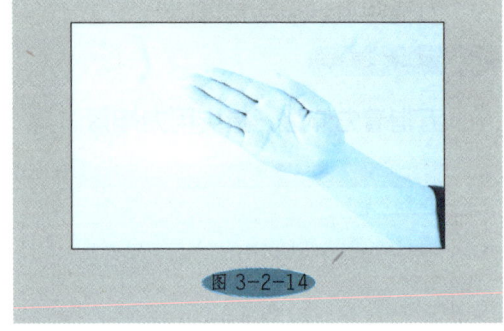

图 3-2-14

 虎形掌

动作方法 见图 3-2-15

五指分开，指各关节勾屈。

技术要点

五指用力，体会力达指尖。

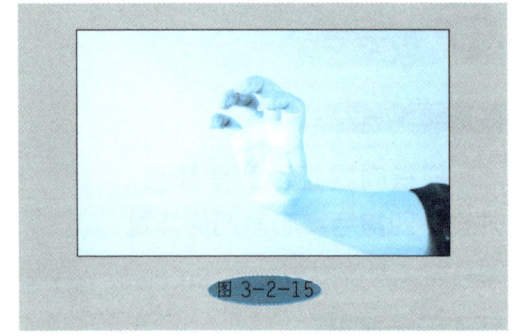

图 3-2-15

 龙形掌

动作方法 见图 3-2-16

腕关节上提，五指分开并勾屈，掌向下垂扣。

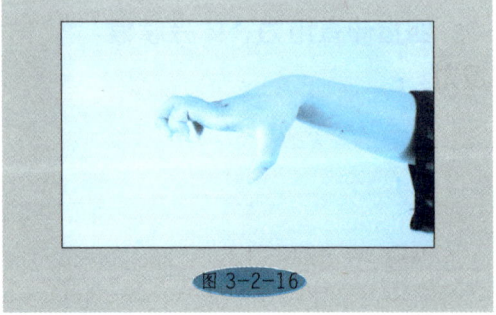

图 3-2-16

技术要点

五指协调用力，力达掌心。

横

横即是勾。象形拳法中猴形手是三聚五封勾，在拳术中不能叫猴勾，本门则称猴形勾手为横拳，称猴形棍术为横棍，这便是"以横指勾"称谓的来历。"勾"有二形。

五封勾

动作方法 见图 3-2-17

紧撮五指，形似梅花瓣。

技术要点

五指自然弯曲，勾顶突出。

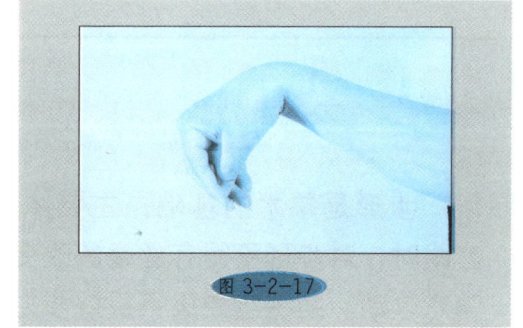

图 3-2-17

三聚五封勾

动作方法 见图 3-2-18

即猴形勾，亦即横拳。拇指、示指、中指紧撮，无名指、小指略屈。

技术要点

五指形似猿猴勾手。

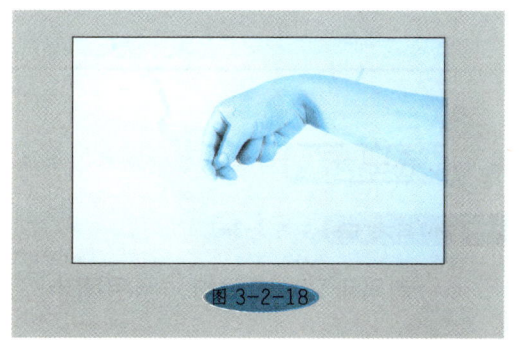

图 3-2-18

驼形手

动作方法 见图3-2-19

又称八字手。仅弯曲中指、无名指和小指，撑开拇指与示指使虎口撑圆，拇指与示指间既要保持有合劲，又要有各自的挺力。

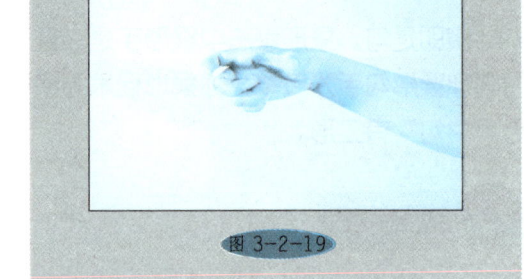
图3-2-19

技术要点

两指指尖着力，内扣成合力。

第三节

步形

步形是拳术的基础，主要体现在套路之中。演练套路时，对步形不得有丝毫的改变，步形的尺寸也不得随意改动。初练者如果不重视步形，就很难掌握正确的姿势及本拳种的风格特点。戳脚翻子的步形主要有骑马步(骑乘式马步)、弓箭步(弓步)、虎步、丁步、仆步、插步和(倒插步)、卧步和坐步等。

骑马步

动作方法 见图3-3-1

(1)骑马步又称骑乘步，与弓箭步同为"步中之母"。骑马式，人在马上，双手离缰，握着兵器，全用两膝扣紧马身，两脚尖卡着马肚，战马蹦跳，人才不脱离鞍，骑马步即由此而来。

（2）骑马步讲究三停。

一停，步幅大小以身稳为度，一般是肩宽左右各加一脚，脚尖略向里扣 25 度（有的拳种脚尖向前或向外 25 度）；

二停，以步幅中心为准，两膝里合；

三停，两膝以上，胯肋取直，上盘要挺，中腹要叠（收缩），中心取正，足十趾扣地，不要拔根望天。

图 3-3-1

技术要点

足跟用力外撑，双膝主动用力内合。

弓箭步

动作方法 见图 3-3-2

（1）又称弓步，前腿要弓，后腿要蹬，前弓似弓背，后蹬似弓弦；

（2）前腿弓膝里扣，是为掩裆，足尖里扣 45 度，是为封护七寸，这种做法有横劲、有竖劲；

（3）前脚外帮蹬扣用力，脚中心与膝盖、胸口取直。

图 3-3-2

技术要点

上盘略仆，斜身吊肩，后腿蹬直，直中待沉，足尖里扣，两脚作人字形。

仆步有两种，一为仆地锦，一为仆步虎拖头。

动作方法 见图3-3-3

以左仆地锦为例，左腿平直伸出，脚尖向前，右腿下屈，大腿、膝弯、小腿三节相靠挤，上身向左腿方向倾仆，这个步形可做前扫后挂的动作。

技术要点

左掌出掌方向与出腿方向相同，后腿大小腿折叠靠拢。

图3-3-3

仆步虎抱头

动作方法 见图 3-3-4

（1）以左虎抱头为例，左仆腿的膝盖上弓，脚尖里扣，右腿下屈，三节不靠，膝胯略离，上身前仆约 30 度；

（2）这个步形有向前的顶劲，又可任意后退和前进。

技术要点

（1）虎抱头的另一种步形是屈腿仍三节靠挤，仆腿仍要膝盖上弓；

（2）脚尖用力里扣产生横劲，重心多放在屈腿上。

图 3-3-4

步形

丁步

丁步有虚丁和实丁两种，其中虚丁有提身虚丁和虎式虚丁，实丁有搬丁和戳丁。

提身虚丁(又叫前丁)

动作方法 见图 3-3-5

（1）胸朝前方，前脚为虚，伸出，脚尖里扣 25 度点地，脚跟提起，膝略里扣，脚中心与膝盖、胸口相对；

（2）后腿下屈 45 度，重心之比，虚占 1/4，屈占重 3/4。

技术要点

膝盖内扣护裆，注意中心掌握。

图 3-3-5

虎式虚丁

动作方法 见图 3-3-6

（1）由马步变为丁步，重心移于一脚，占 3/4；

（2）另一脚脚跟抬起，脚尖点地，重心占 1/4，两脚尖仍似马步之像，这种虚丁又称侧丁，用时或侧或进，灵活方便。

图 3-3-6

技术要点

上体保持正直，体会重心靠后，前脚虚点地。

搬丁(以右搬丁为例)

 动作方法 见图 3-3-7

（1）右腿向后略撩 25 度左右，然后向前斜踢，脚跟向外摆，以脚掌点地，脚跟朝天；

（2）左脚站横，右脚尖直对横脚中心，呈丁字形，左腿下屈约 25 度，丁腿伸直，膝盖朝里扣，丁脚跟对准右肩头，腰部下垂，似略弯之弓，重心屈腿占 2/3，丁腿占 1/3；

（3）上身右转，双拳向右搬打，双肘略垂，右拳对鼻尖，左拳在右胸前，拳心向上。

图 3-3-7

技术要点

重心分配，左腿下屈角度不宜过大或过小。

戳丁(以右戳丁为例)

戳丁又叫背后丁。

动作方法 见图 3-3-8

（1）右脚向后踢出，踢 45度时向下点地，丁脚尖朝前，脚跟朝天，丁腿之膝弯对右肩

图 3-3-8

头，膝略下垂，左脚尖里扣 25 度，左腿略屈，脚外侧蹬扣，两脚尖呈人字形；

（2）身向左略仆，斜身吊肩，左手上扬至太阳穴外八寸，右手顺右肩伸直，目视右方。

技术要点

左手距同侧太阳穴八寸，不宜过高及过近，左脚蹬扣清晰。

插步有立插、卧插和倒掖立三种。

见图 3-3-9

（1）以左式为例，就是立步倒插，俗称倒插步，右腿重心站稳，左腿从右腿后插过，至半步以外，脚掌着地，脚跟略起；

（2）身体下屈 45 度，这种插步是转身换式所用，为的是够步。

图 3-3-9

技术要点

双腿紧扣，支撑身体重心，下屈 45 度，角度不宜过大。

动作方法 见图 3-3-10

（1）又名金龙倒卧，右腿下屈 45 度，左腿从右腿后插出至马步步幅的距

基本功

离，前脚掌着地，脚跟抬起（以左式为例）；

（2）身体向左侧卧，目视右下方，重心右腿占 3/4，左腿占 1/4，此式仍为转身换式之用。

图 3-3-10

技术要点

左腿前脚掌支撑身体重心，两眼目视右腿出腿方向。

倒掖立

动作方法 见图 3-3-11

（1）以左式为例，是倒插步的另一种，这种倒插步比立插式低，比卧插式高；

（2）身体略向前倾，头向后看，右腿略屈，左腿从右腿后插出至马步的 2/3 距离，脚掌着地，脚跟抬起。

图 3-3-11

技术要点

身体随头动，左腿前脚掌撑地，下体动作参照插步动作方法。

虎步

动作方法 见图 3-3-12

（1）虎步是马步的变化；

（2）马步的重心居中，两腿平均着力，虎步则将重心向一腿偏移，占 2/3，另一腿占 1/3；

（3）此式比马步略低，比虎抱头略高。此式易于起腿。

技术要点

重心偏离不宜过大，步形低于马步高度。

图 3-3-12

基本功

坐步（通常称坐盘）

动作方法 见图 3-3-13

（1）以马步为基础，从右向后转 180 度，两腿呈十字形；

（2）坐下到底盘，右脚全脚掌踏地，左脚以前脚掌戳地，两腿膝盖以上可以挤靠，膝盖以下分离；

（3）除两脚踏地外，臀部应悬着，不可坐实，这样的坐步，起变自由（左坐盘动作相反）。

图 3-3-13

技术要点

臀部主动发力即可起身，臀部不宜过高或过低。

卧步

动作方法 见图 3-3-14

（1）卧步有左右，称卧鱼，又称卧巧云，这是最底盘的姿势；

（2）分为原步卧鱼和蜇身卧鱼两种，姿势是一致的；

（3）两腿动作均与坐盘一样，身体却要随势旋转，以侧后身擦向地面，脸部朝天，卧鱼有死盘、活盘之别：

图 3-3-14

①死盘（以左式为例）近似坐步，从右向后转180度，两腿呈十字形，坐下到底盘，右脚全面着地，左脚脚外侧着地，两腿膝上、膝下部分均靠齐，身向左侧卧下并贴地，此式美观、活泼，但不实用，如要变式、挺身，很不灵活；

②活盘（以左式为例）一是左腿小腿不着地，左脚为前脚掌着地，二是身向左侧卧下时也不着地，此式易于躲闪及变换地躺动作。

✿ 技术要点

体会死盘与活盘的腿部动作，重心置于前脚，身体前倾随重心移动。

第四节

踢腿

　　翻子拳基本踢腿动作主要有：迎面腿、十字腿（斜踢腿）、夹旁腿（侧踢腿）、里合腿、摆莲腿、提膝吊点腿、跺子腿、掀腿、寸腿、查腿、扁脚（侧踹腿）、后蹬腿（蹬子腿）、九翻鸳鸯腿、后外摆腿、扫挂腿（前扫后挂）、腾空飞脚、旋风脚、腾空摆莲腿等18种基本踢腿方法。逐一习练，掌握动作要领后体会动作。

动作方法 见图3-4-1

　　（1）左脚前进一步，重心落于左腿，右脚勾脚尖向前额或鼻尖或下颏处踢起，绷脚尖落下，腿要直，支撑腿要稳；

　　（2）两眼平视前方，左右腿交替上踢。

技术要点

图3-4-1

　　右腿踢腿时，膝盖不弯曲，注意脚尖提起时是否正确，上体不要随踢腿而晃动或向前屈伸。

动作方法 见图3-4-2

　　（1）左脚前进一步，重心落于左腿，右脚勾脚尖斜向左耳部踢起，腿要直，支撑腿要稳；

(2)两眼平视前方，左右腿交替斜踢。

体会大腿深层韧带拉伸，上体在踢腿时保持正直，不要随踢腿而摆动。

图 3-4-2

踢
腿

交旁腿(侧踢腿)

动作方法 见图 3-4-3

左脚上前一步，脚尖摆拧身，重心落于左腿，左掌扬至鬓外八寸处，右掌屈肘置于左肋旁，右腿挺直沿身体右侧面勾脚尖朝上踢，两眼注视前方。左右腿交替侧踢。

技术要点

勾脚尖，左腿和上体保持正直。

图 3-4-3

跺子腿(又称撞腿)

动作方法 见图 3-4-4

(1)身体直立，双拳于拳位，左腿提膝出腿，右腿支撑身体；

(2)左腿落地震脚，右脚勾脚尖，以脚跟着力蹬出，此为原地提膝跺子腿，也可以右脚原地踏地起跳，在左脚落地前的腾空刹那，勾脚尖；

（3）以脚跟着力蹬出，目视前方，为飞云跺子腿，右腿蹬出时，右掌前撑，左掌上架，左右势交替练习。

图 3-4-4

**技术要点**

左右脚动作协调，左腿落地震脚同时，右脚迅速蹬出，动作连贯、准确。

掀腿

动作方法 见图 3-4-5

（1）身体直立，上左步坐盘，双手自拳位向上、向左右划圆，至胸前搭十字手；

（2）立身，左腿支撑，右腿绷直，脚尖里合，脚掌下扣，腰胯用力以髋关节为轴向上掀踢，以脚掌外侧向外掀击敌人，同时，双臂分展，左式相同。

技术要点

右腿掀踢时，小腿放松，动作舒展协调。

图 3-4-5

寸腿

动作方法 见图3-4-6

（1）身体直立，上左步，左腿略屈，左拳自拳位出，右拳自胸前向下扣打，回拳位，左拳自右拳腕钻出，摔打；

（2）同时右脚以膝为轴向前踢出，脚尖勾起，脚跟踢地，高不过尺，前脚掌踢对方小腿迎面骨，左式相同。

图3-4-6

技术要点

体会足跟发力的感觉，发力迅速，高度不宜高过30厘米。

查腿

动作方法 见图3-4-7

（1）身体直立，上左步，双手以掌从身体两侧上扬，至与胸齐，右掌向左扣下，掌刃向下；

（2）左掌自右掌腕里钻出，掌刃朝斜上方，同时右脚勾脚尖，里扣踢起，脚跟擦地，高不过尺，以脚掌斜踢对方小腿，左式相同。

技术要点

左掌与右脚同时做动作，动作协调，体会左掌、右腿协调用力。

扁脚(侧端腿)

动作方法 见图 3-4-8

（1）身体直立，右拳掩于肋，左掌架于鬓，左脚向右横跨步；

（2）身体右侧朝前进方向，右脚提膝，膝部侧顶，跨部略抬；

（3）脚呈横形，勾脚尖，脚跟着力侧端而出，位以胸肋为度，左脚同右脚，交替练习。

技术要点

右腿提膝时，头、臀、足跟在一条直线上。

图 3-4-8

后蹬腿(蹬子腿)

动作方法 见图 3-4-9

（1）身体向左扭转，右掌屈肘自外向里划圆，再从右肋旁向后穿出，指尖朝前，手臂伸直；

（2）左掌下摆，自里向外划圆架于左鬓外，左腿支撑身体，右腿屈膝里合后，以脚掌或足尖着力往身后蹬端，身体前倾，两眼向后看，左右腿交替进行。

图 3-4-9

✿ 技术要点

蹬腿时，头部朝向蹬腿方向，动作协调用力，发力顺达。

九 翻鸳鸯腿

✿ 动作方法　见图3-4-10

两手变掌交叉胸前，右臂伸直以掌上撩，左掌上扬至左鬓上方八寸处，同时以左腿支撑身体，右腿绷脚尖，着力往后上方反撩，右掌拍击右脚内侧，眼向后看，左右腿交替进行。

图3-4-10

✿ 技术要点

身体伸展，随掌、腿撩起身体向后翻转，配合发力。

后外摆腿

✿ 动作方法　见图3-4-11

（1）身体直立，左臂向前扬至左鬓上方八寸处，右臂向后自然上摆，右腿向后、向上撩踢，身体前俯；

（2）右腿踢至肩高时，以腰胯为轴向右外方外摆，以脚外侧摆击敌面部，左腿依然，交替练习。

图3-4-11

✿ 技术要点

转身同时摆腿，髋关节配合上下肢旋转。

扫挂腿（前扫后挂）

动作方法 见图 3-4-12

（1）身体直立，左腿屈腿下蹲，重心落于左脚，右腿伸直如仆步，绷脚面，脚尖里扣，腿伸直；

（2）以左脚为轴心，向右脚尖方向扫击达 180 度，而后重心移于右腿，左腿伸直如仆步，绷脚面，脚尖里扣，以脚跟为前方，向后倒扫 180 度。

图 3-4-12

技术要点

下肢借用上体旋转力量，控制旋转力度，以防旋转过大。

腾空飞脚

动作方法 见图 3-4-13

（1）身体站立，双掌自然交叉，上撑，左掌自胸前伸，右掌经面前向后劈，身向左拧，往前助跑，至右脚在前时，左腿往前上方摆动；

（2）右脚蹬地腾空，右腿屈膝弹踢，左腿屈膝下垂，同时右掌前伸，手背上击左掌心，下拍击右脚面，左掌与右掌分开后，上扬至左鬓上方，两眼平视前方。

图 3-4-13

技术要点

拍击迅速，腾空瞬间发力，上体积极向上挺身配合。

旋风脚

动作方法 见图 3-4-14

（1）身呈马步架打式，左拳架于左鬓斜上方八寸处，右拳呈竖拳伸直，目视右拳方向；

（2）重心移至右脚，左脚以摆莲腿形外摆，右脚踏地，身体向左上方腾空翻转 360 度；

（3）左腿在空中摆动后屈膝下垂，右腿呈里合腿形由外向里扇击，左掌在头顶前面迎击右脚前脚掌，落地后仍呈马步架打。

图 3-4-14

踢腿

技术要点

此为原步旋风脚，上右步起跳腾空则为上步旋风脚，旋风脚可用左右脚踢。

腾空摆莲腿

动作方法 见图 3-4-15

（1）身体直立，右腿屈膝提起，左腿金鸡独立，左掌呈勾手置于身后，手臂伸直；

（2）右掌前伸呈立掌，手臂伸直，接着右脚向前落地，弧形助跑 3～5 步至左脚在前时；

图 3-4-15

（3）右脚前跨一大步，右脚尖外摆，蹬地腾空，右腿直腿由里往外摆踢，同时以双掌拍击右脚外侧；

（4）左腿屈膝下垂，两眼注视摆踢脚上方，可左右练习。

技术要点

腾空后，右腿应直腿，注意规范右腿动作。

基
本
功

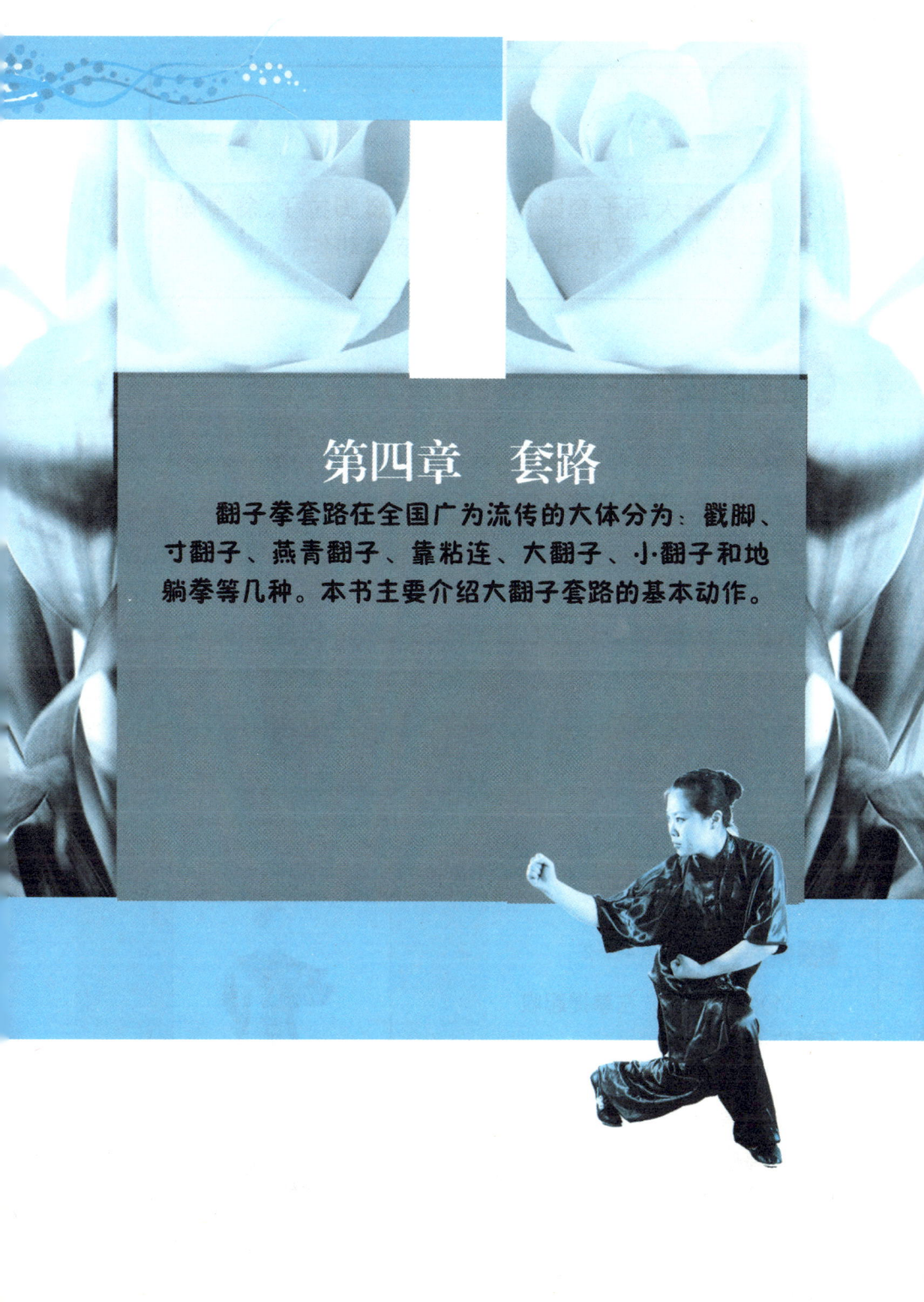

第四章　套路

　　翻子拳套路在全国广为流传的大体分为：戳脚、寸翻子、燕青翻子、靠粘连、大翻子、小翻子和地躺拳等几种。本书主要介绍大翻子套路的基本动作。

第一段

翻子拳大翻子套路第一段包括震脚拉丁、斜身拗步、掸手撕拳、双龙出洞等 75 种技术动作。

套路

 预备姿势 ◆◆◆◆◆◆◆◆◆◆◆◆

动作方法 见图 4-1-1

身体直立，两脚并拢，两手下垂，目视前方。

技术要点

注意力集中。

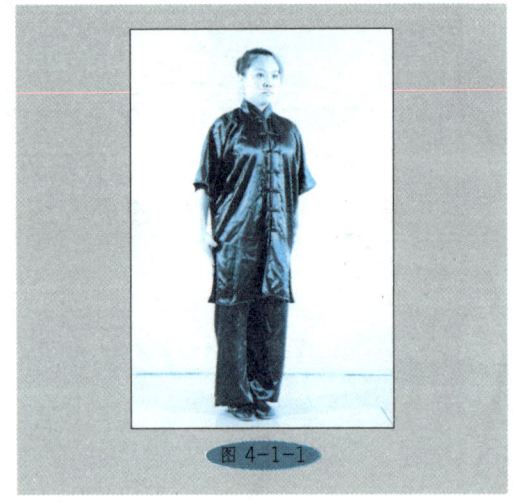

图 4-1-1

 震脚拉丁 ◆◆◆◆◆◆◆◆◆◆◆◆

动作方法 见图 4-1-2

（1）两手变拳，左拳提起收至拳位；

（2）右臂屈肘，以肘为轴经胸前向左肩划弧（掩扣），拳心向内，身体随之略向左拧，右膝略抬起，目视右拳；

（3）身体以腰为轴向右拧，左臂屈肘，以肘为轴向右肩掩扣（划一弧形），右拳向下划，向右侧回收，目随左拳；

（4）左拳扣于右胸前，拳眼朝上，右拳向右肩后甩出，至拳与右肩平，拳眼向上，震右脚，左足提起，目视右拳；

（5）双拳随左足向前侧出的同时向左足方向抽出，左臂抻直，左拳拳眼向上，拳与鼻相对，右拳以肘为轴甩开，拳眼向下，停于右太阳穴斜上方八寸处，肘呈弧形，目视左前。

技术要点

震脚迅速，头随左拳移动。

图 4-1-2

斜身拗步

动作方法 见图 4-1-3

套路

(1)双拳同时变掌，掌心朝下，双肘下压，右掌从左腕背插过，呈十字交叉，重心移至左脚，目视右掌；

(2)两掌向左右分开，双肘外撑，肘呈弧形，双掌虎口相对，重心落于右腿，右腿屈膝，左腿提膝，左脚略抬，目视左掌，双掌后卷，从腋下向前穿出，掌心向上；

(3)左脚尖外摆落地，右脚向左脚前行目视前方，左脚迅速向左跨出一步，两脚间距比肩略宽，前脚掌着力，两掌从肋旁向后翻成双勾手；

(4)挺胸，收腹，臂直，(两臂)紧夹身体两侧，头向左转，目向左平视。

技术要点

挺胸收腹，动作协调，上下肢动作舒畅，穿拳切记手心向上。

图 4-1-3

禅手撕拳

动作方法 见图 4-1-4

（1）两勾手变掌从肋部向前穿出，掌心向上，双掌迅速上托，托到与胸平时，两手腕内旋，十指相对；

（2）不停，即向下捽手，到脐部，臂直，掌心向外，随后掌心向上，以肘为轴向面部屈肘，离面部约八寸许，目视双掌；

（3）双掌握拳，拳顶相对，向外翻撑，双肘撑圆，拳眼向下，目视双拳，两拳向左右撕撑，速度柔慢，劲力内含；

（4）到两肘呈三角形时，两拳迅速向外连捧带撑，拳至肩平，两肩略向里扣，身直胸挺，目视左拳。

图 4-1-4

双龙出洞

动作方法 见图 4-1-5

（1）右拳向下经小腹以拳背向左胯外击打撩阴，身体略向左转；

（2）左拳变掌，在左胯外接右腕，并向上带到肩部，速劈向右方，右脚向左跺半步，震脚，左脚向左后撤一步，随拳向右劈呈右弓步；

（3）拳至眼前方止，身体由右向左转，变马步，左手变掌，领右拳向下、向左方挂拦；

（4）身体继续向左转，由马步变为左脚前、右脚后的坐盘，双拳撤回拳位，再同时向前钻打，右拳与鼻尖相对；

（5）拳眼向上，左拳钻出后作架肘形，停于左太阳穴外八寸处，掌心向外，目视右拳。

撩阴拳注意拳眼朝下，送肩送臂，转身变坐盘，身体协调发力。

图 4-1-5

拔水摸针

动作方法 见图 4-1-6

（1）右拳向左腋穿过，从身前横至右胯向后拨出；

（2）以肘为轴向上圈起，向下搂右膝，左拳架肘过脑，抽回拳位，由坐盘起身，向前迈出右步，右拳搂过右膝后回拳位，目视左拳。

技术要点

左拳由拳位向前打出，与胸平，拳眼向上，呈右弓步。

图 4-1-6

动作方法 见图 4-1-7

（1）右拳向左手腕上钻出，肘弯，拳心向上，左拳抽回右肘下，拳背向上；

（2）右拳扣腕抽回，左拳即从右腕上钻出，变拳背向上，并向下扣打；

（3）右拳再从左手腕上钻出，拳心向下，扑到右脚面，左拳撤回拳位，由右弓步变为仆步，身体前仆，右拳扣于右脚面，目视右脚方向。

（1）左右钻拳时动拳背向上，扣打时送肩，并身体协调发力；

（2）拨水摸针和仆地锦两动古谱合称拨水摸针。

如敌以猛虎扑食或双沓掌击我，我以左拳架出对方来拳，速以右肘横击对方软肋，以左拳打敌面部，再以双钻拳进击，此法为手里套手。

图 4-1-7

扒打寸腿

动作方法 见图 4-1-8

（1）起身，左拳拳心向下，以肘为轴，从胃部向前、向下扒扣，右拳抽回，从拳腕上以拳背从胸前向前捧打；

（2）左脚勾脚尖向前踢出，脚跟擦地，高不过七寸，目视右拳方向。

技术要点

勾脚踢出动作同寸腿，高度不宜过高，体会攻防含义。

图4-1-8

丫叉里藏花

动作方法 见图4-1-9

（1）右拳捧锤后变掌，掌心向上，左拳变掌停于右肘上，掌心向前，右臂平抬至与肩平，左脚落于前；

（2）右掌翻掌内旋向右拨掌，掌心向外，左掌翻至右肘下，掌心向上，右足提膝向前点踢，以胯肋处为度，目视右足方向；

（3）以上两动作又叫做吊点提篮。

技术要点

藏花乍现，动作迅速突然，正确准确。

图 4-1-9

动作方法 见图 4-1-10

点踢右腿落于前方，呈右弓步，右拳撤回拳位，左拳向前打出，与胸平为度。

技术要点

拳眼向上，目视左拳。

图 4-1-10

马步冲拳（又名龙虎争拳）

动作方法　见图4-1-11

（1）左拳抽回拳位，右拳打出，与胃平为度，拳眼向上，弓步立即变为马步，目视右拳；

（2）这两动是连在一起的，左拳击出后，即变马步右冲拳，一虚一实，或一短一长（后长拳）。

技术要点

冲拳时送肩，力达拳面，目视出拳方向。

图 4-1-11

朝天炮

动作方法　见图4-1-12

（1）左拳变掌于胃部，掌心向右，右拳撑肘划圆撤回胯部，再向上擂挑；

（2）以肘对胸，拳眼对面部，左掌于胸前接右腕，马步不变，目视右拳；

（3）敌如拨手，速撤左拳，换右拳冲击敌软肋，随即拨开敲手，以右拳向上擂挑敌胃胸或下颏；

（4）以上三动合称抱面花

套路

锤，如敌进势劈肩，我即收肩调胯躲过，速进左拳打敌胸部。

冲拳方向准确，在整体动作中马步不变。

图 4-1-12

搂膝冲拳

动作方法 见图 4-1-13

（1）右拳撤回拳位，左掌变拳向左腿外搂膝，并速撤回拳位；

（2）右拳向左冲拳，与胃平，拳眼向上，步变左弓步，目视右拳。

技术要点

搂膝清晰，冲拳准确，搂膝同时冲拳。

图 4-1-13

叶里藏花

动作方法 见图 4-1-14

（1）右拳变掌，掌心向上，左拳变掌，停于右肘上，掌心向前，右掌由左向右内旋翻拨，左掌翻至右肘下，掌心向上；

（2）右腿提膝点踢，高以胯肋为度，目视右脚方向。

技术要点

藏花乍现，动作迅速突然，准确。

图 4-1-14

龙虎争拳

动作方法 见图 4-1-15

（1）点踢之腿落地呈右弓步，右掌变拳收于拳位，左掌变拳冲出，为右弓步冲拳，以胃为度，拳眼向上；

（2）右拳冲出，呈马步冲拳，拳眼向上；

（3）左拳速撤回拳位，目视右拳。

❋ 技术要点

动作勇猛，气势宏大。

图 4-1-15

第二节

第二段

翻子拳大翻子套路第二段包括单云虎抱头、右搂膝冲拳、十字腿叼手撞打、原步翻跳等 14 种技术动作。

单云虎抱头

动作方法 见图 4-2-1

（1）马步重心移于左腿，呈虎抱头步，右拳向左太阳穴外圈打，至太阳穴上方四寸，右肘向右方云手；

（2）变掌自胸前向左扣于左拳腕，左拳自拳位向上架肘至胸前，以腕部接迎右掌，目视右方；

（3）敌如接架，速拨开以点腿踢之，敌如叼手，则用连环拳向敌胸部连击。

图 4-2-1

技术要点

云手动作衔接准确，同时动作舒展顺达。

右搂膝冲拳

动作方法 见图 4-2-2

（1）重心中移呈马步，上身向右转，右拳搂右膝，左拳回拳位后向右方冲出；

（2）两脚尖向右方移，呈右弓步，右拳回拳位，目视左拳。

搂膝清晰，冲拳准确，搂膝同时冲拳。

图 4-2-2

 丁字腿叼手撞打

动作方法 见图 4-2-3

（1）右拳变掌，从左拳腕上穿出，掌心向下，左拳回拳位，左腿绷脚面，弹踢，右掌拍击左脚面；

（2）右掌以腕为轴，以掌刃为领，向右外旋一周，至掌心向上时握拳，叼手，收回拳位；

（3）左拳从拳位打出，左脚向前落地，呈反向马步冲拳，目视左拳。

技术要点

搂打动作协调，同时进行。

图 4-2-3

原步翻挑

动作方法 见图 4-2-4

（1）上身右转，左拳下垂，向右胯部挑过，随即向上崩架，从右拳位处翻上；

（2）右拳向右冲出，左拳肘过头，架于左太阳穴外八寸处，拳心向外；

（3）右拳拳眼向上，为马步架打状，目视右拳。

技术要点

架打于额头前方一拳距离。

图 4-2-4

剪手寸腿

动作方法 见图 4-2-5

身向右转，双拳变掌，掌心向上，同时向胸前横切，呈剪子手，左掌在上，右掌在下，双前臂相交，重心移于右腿。

技术要点

左腿勾脚尖踢寸腿，高不过七寸，踢时脚跟蹭地，目视双掌前方。

图 4-2-5

十字查腿

动作方法 见图 4-2-6

（1）左掌掌心向外，上架到与头平，随即向左甩手到胯部，掌心向上，斜对右肩上穿，至肩平；

（2）随即翻掌，掌心向外，向左肩方向作托手，与左掌起动同时，右掌向下拢，到胯部，从外向上圈，至右肩时向里扣切，掌心对胃；

（3）再下拢至胯部止，掌变勾手，左足落地，右脚勾脚尖向左脚前斜踢十字查腿，高不过七寸，目视右方。

图 4-2-6

技术要点

查腿时左掌与右脚同时做动作，动作协调，体会左掌、右腿协调力的运用。

十字弹腿

动作方法 见图 4-2-7

（1）两掌变拳，右手拳心向上，从左拳腕钻出变掌，手腕内旋向下，左掌变拳向拳位收回；

（2）左腿提膝吊点踢出，右掌拍击左脚面，目视右掌方向。

技术要点

弹腿动作迅速，收缩自如。

图 4-2-7

 左接膝拗顺步争拳

动作方法 见图 4-2-8

（1）左脚收回原位呈马步，右拳收回拳位，马步下沉，左拳搂左膝回拳位，步形向左变左弓步，右拳冲出；

（2）不停，即回收撑肘架于右太阳穴外八寸处，拳心向上，左拳再向左冲出，步形变回马步，目视左拳。

技术要点

目视出拳方向，架打保护太阳穴。

原步翻挑至左接膝拗顺步争拳的动作是连贯的，应一气呵成，五动作统称"翻身三抄食"。

图 4-2-8

震脚夺步燕子垂尾

动作方法 见图 4-2-9

（1）右拳下垂到右大腿部，过右胯部，以拳背朝左前方撩打；

（2）上身随之向左扭拧，左拳变掌接右拳腕，为撩阴，斜踢右寸腿，右脚夺左脚之位，落地震脚，身向右转，双肘撑开，掌心向下；

（3）左脚向右前方迈步，呈左弓步，两掌向身后拍掌（又称顺翅）。

技术要点

顺翅时，身体保持正直，不宜弯曲。

图 4-2-9

双封贯耳 ◆◆◆◆◆◆◆◆

动作方法 见图 4-2-10

（1）两足呈弓步形不动，两掌向前合掌拍击，与耳平为度，两臂伸直，目视合掌；

（2）震脚夺步燕子垂尾与双封贯耳两式连动，不得停顿，其意为，如敌打我胯时，以左手搂开，以右拳打敌裆部；

（3）手脚连环，以右足寸踢敌小腿七寸，敌如是双人进打，则打前防后，对后面之敌扑背时，以双掌后甩击敌，以两掌合击打前敌脸部。

图 4-2-10

技术要点

两臂沉肩，两拳距离为（头大小）15～20厘米。

顺手搓滑

见图 4-2-11 **动作方法**

（1）两掌上下错开，掌根相交，左掌指尖向上，右掌指尖向下，右掌以腕为轴外旋，变拳撤回拳位；

（2）左掌指尖向上 朝前推出，掌刃向前，目视左掌。

技术要点

左脚搓滑后撤，呈右弓步。

套路

图 4-2-11

进步颠争拳

动作方法 见图 4-2-12

（1）上左步呈马步，右手自拳位前出，同时向上架梁过顶，速抽回拳位；

（2）左掌变拳，从右腋内穿出，从左胯前向外拨出，速圈回向左搂膝，身向左转呈左弓步；

（3）右拳打出与胸平，拳眼向上，左拳抽回拳位，左拳打出，臂与肩平，拳眼向上；

（4）右拳速抽回，停于右太阳穴外八寸处，拳心向外，同时左弓步变马步，目视左拳。

技术要点

（1）左掌变拳时，拳面朝前，拨出动作迅速；

（2）顺手搓滑和进步颠争两动作，合称"顺手牵羊"；

（3）如敌以两掌架开双封贯耳， 以双撞击打我时，则以侧身躲开，以右手叼接敌手腕向里带，以左掌推敌脸部，如敌甩脸侧身，则以左手搂敌下部，以右拳打击敌胸。

图 4-2-12

 斜身虎抱头

动作方法 见图 4-2-13

（1）右拳以肘下压，甩拳下垂，从右胯部向左前方以拳背撩打，左掌下垂接右撩阴拳腕，踢右查腿，踢起七寸高，右拳向上托拳，至以肩平，翻手腕；

（2）手腕向外摆，再向右侧下方甩出，脚尖外摆，震脚落地左腿向左前 45 度上步，右拳屈肘，拳及右耳，向下栽拳；

（3）左拳变掌立掌于胸前，掩于右臂，左腿略弓，右腿略仆，呈虎步形，目视右方。

技术要点

虎形两脚内扣，下蹲不宜过大。

图 4-2-13

扒打十字腿

 见图 4-2-14

（1）左掌以掌刃向右前方劈，右拳从下向右、向上抡起，再向左前方扣打；

（2）左掌收回胸前从右腕上穿出，翻成掌心向下，同时右腿踢提膝吊点腿，左掌拍击右脚面，右拳抽回拳位，右腿撤回原位；

（3）右拳从拳位出，向左方圈打，左掌接右腕于胸前，右脚落地后，呈右虎步形，右拳向右下劈砸，停于右膝外侧，左掌上扬至左太阳穴外八寸处，目视右拳。

技术要点

整个动作一气呵成，发力顺达。

图 4-2-14

第三节

第三段

翻子拳大翻子套路第三段包括翻身劈砸锤、舞花争锤、摔打寸腿、猛虎跳涧等 14 种技术动作。

翻身劈砸锤

动作方法 见图 4-3-1

（1）右腿提膝，右拳向上撺挑，右脚脚尖外摆，震脚，上左步，身体后转 180 度呈马步；

（2）右拳于胸前反背下砸，速回拳位，左拳以肩带肘，以肘带手在胃部

前向下劈砸，速回拳位，步形
变左弓步，右拳冲出，拳眼向
上；

（3）"扒打十字腿"和"翻
劈砸锤"两式，古谱称为"孤
月沉江"，如敌从左身后盖顶或
冲肩，则右手搂开敌进击，左
手穿敌软肋，以右脚踢敌裆部，
如敌方右查腿踢我，则速提膝，
以右拳磕出，以左拳砸击敌头。

 技术要点

翻身动作由头主导，顺势
下砸。

图 4-3-1

舞花争锤

动作方法 见图 4-3-2

（1）此式共击五拳，向右击
四拳，乃右翻背锤，右拽拳，
左冲拳，右冲拳，向左击一拳，
乃搂左膝右冲拳；

（2）由左弓步变马步，右拳

以肘为轴向右方反背击出，拳心向上，至与肩平，左拳收回拳位，右拳不停，以肘为轴，屈臂，拳眼朝下以拽拳击出；

（3）右拳击到位后，速外旋回抽至拳位，左拳从右拳腕部击出，拳眼向上，步呈右弓步，不停，速撤拳位；

（4）右拳从左拳腕下击出，拳眼向上，速撤拳位，左拳向左腿膝下外磕，速回拳位，右拳向左前方击出，步变左弓步，目视右拳。

技术要点

拽拳动作加速，简捷迅速，一气呵成。

图 4-3-2

捶打寸腿

动作方法 见图 4-3-3

(1)双拳变掌，在胸腹前并合，拇指相靠，掌心向下；

(2)向小腹部抓起，提到胃部，双掌变双拳，以拳背向外捶打，右腿勾脚尖踢出；

(3)高不过七寸，踢时脚跟擦地，目视寸腿方向。

技术要点

寸腿高度适宜对方胫骨即可。

图 4-3-3

猛虎跳涧

动作方法 见图 4-3-4

（1）双拳捶打至腹前，右拳以拳面为领上托，拳背距头部半尺余，左拳停于小腹；

（2）拳心向下，落右脚，踏地起跳，左腿提膝前跃，右腿随即腾空前踢，于空中左右腿前后劈叉，双臂自然前后摆动，落地呈左仆步，目视左方；

（3）双拳停于胸前呈相扣形，右拳于胸前，拳心同下，左拳于胃前，拳心向上，两拳相距半尺余。

技术要点

（1）后背背阔肌、斜方肌隆起，形似猛虎；

（2）"摔打腿"和"猛虎跳涧"两式又合称"回头望月"；

（3）如敌以进步撞心锤击我时，则以两拳变掌，将敌进手扒开。掌变拳砸敌头部或鼻部，敌如闪开，乃以回头望月视敌，此式含摔、插、钻、踢之法。

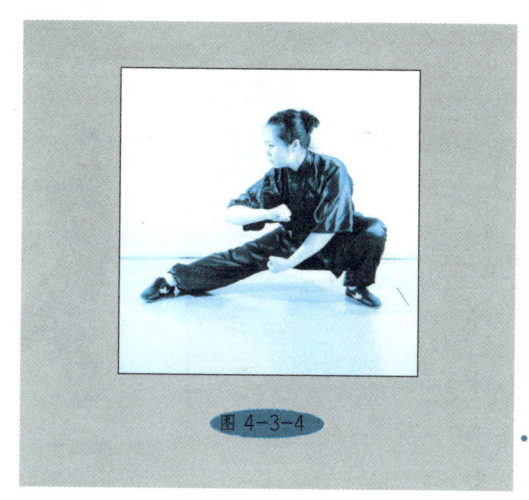

图 4-3-4

动作方法　见图 4-3-5

（1）双拳由左向右做捋手，右拳左肘收腹前；

（2）起身，双拳自腹前向左前方崩出，左拳崩出后上挑，左拳架肘，停于左太阳穴外八寸处，拳心向外，右拳打直，与鼻尖相平，拳眼向上，踢右寸腿，右腿脚尖落地，呈右虚丁步，目视右拳。

技术要点

崩拳劲力发力突然，上下肢协调发力。

图 4-3-5

 右挑弓打寸腿

动作方法 见图 4-3-6

（1）双拳回带，以肘为领，左拳右肘收腹前；

（2）同时向前崩拳，右拳崩出后上挑架肘，停于右太阳穴外八寸处，左拳打直，左拳与鼻尖平，拳眼向上；

（3）左腿踢寸腿，脚尖落地，呈左虚丁步，目视左拳。

技术要点

寸腿高度不宜过高，下肢膝盖略弯。

图 4-3-6

扫蹚腿

动作方法 见图 4-3-7

两拳变掌，伏身屈腿，重心移于左脚，两掌扶于左脚外侧地上，右脚仆步形，脚尖向前，做扫蹚腿 360 度，目视右足。

技术要点

图 4-3-7

（1）扫蹚腿旋转重心的控制；

（2）"左挑右打寸腿""右挑左打寸腿"和"扫蹚腿"三式合称"小鬼推磨"；

（3）如敌扑顶时，一拳肘崩敌之手，一拳打敌肚部，如敌撤退，则以右足扫敌后撤之足，此式是左右连环崩踢，接扫蹚腿之法。

十字斜身炮(又称"威震八方")

套路

动作方法 见图4-3-8

（1）右脚扫到原位，起身，右手变拳向左腋内穿过，向下横插，横到右侧向上，过面部再向下、向右划圆；

（2）左手变拳从右肘外向上过顶，再向左、向下划圆，与手的动作同时，左足上前垫步落地，右足以脚跟为领上例步，双足跟同时为轴移动脚尖，右腿弓，左腿绷，呈右弓步形，斜向45度；

（3）双拳划圆后，左拳停于右胸前，右拳伸直，两臂与肩平，左拳拳心向里，右拳拳心向外，双拳同时向左方捧打，左拳臂直拳平，拳眼朝上；

（4）右拳架于右太阳穴外八寸处，拳心向外，双肩与步形呈十字形，目视左拳。

技术要点

左拳围绕身体向左向下划圆时两眼随左拳一同转动，达到形神统一。

图 4-3-8

搬查骑乘摔锤（又称"摆身用尾"）

 **动作方法** 见图 4-3-9

（1）右拳以前臂下砸至软肋，左拳从右肘内上钻，至胸前，双拳心向里，左脚勾脚尖向右前方踢查腿，高不过七寸，脚跟踢地；

（2）左脚脚尖外摆，向左提膝摆腿后落地，双拳在胸前翻扣，右前臂翻压于左前臂上，双拳心向下，上右步呈马步，双拳从下向左、向上划圆，向右方摔打；

（3）右臂伸直，拳眼向上，左臂架肘，架于左太阳穴外八寸处，目视右拳。

技术要点

架拳时要主动，距头一拳距离。

图 4-3-9

 见图4-3-10

（1）身向右转，呈右弓步形，左拳自太阳穴处横肘下压至胸前，拳眼向里；

（2）右拳收肘，从左拳腕部钻出，以肘为轴反背向外摔打；

（3）左腿勾脚尖踢寸腿，高不过七寸，目视左腿方向。

技术要点

横肘压至胸前时小臂内收。

图 4-3-10

吊点里合腿

动作方法 见图4-3-11

（1）双拳变掌，右臂伸直，掌心向上，左掌停于右肘弯上，掌心向前；

（2）双掌同时向右方外拨，右掌心朝右方，左掌停于右肘下，掌心向上托肘，目视前方；

（3）右腿提膝向前吊点弹踢，与胸平，继而里合扣落，身向左转。

技术要点

弹踢动作迅速，膝盖控制动作高度。

"扒打寸腿"和"吊点里合腿"两式合称"登山搬石"。如敌击胸时，以左手扒敌击手，右拳打敌面部，左脚踢其七寸。如敌连环击胸，速以双手拔出敌手，以右足踢敌胸部。

图4-3-11

动作方法 见图4-3-12

（1）右腿落地呈右弓步，左掌向前穿出，掌心朝上，指尖向前，右掌收回拳位，左腿踢寸腿勾脚尖踢出，高不过七寸，右掌指尖朝前穿出，掌心朝下；

（2）左掌变拳抽回拳位，左腿撤回原位，仍为右弓步形，目视右掌方向。

技术要点

　　身体略斜倾，穿掌至胸前高度。

图 4-3-12

转身接膝拗步冲拳

动作方法 见图 4-3-13

　　(1)右掌变拳收回拳位，左拳向下顺左膝向后搂过，即收回拳位，身由左向后转，右拳冲拳击出；

　　(2)臂直拳平，拳眼向上，步呈左弓步，目视右拳。

技术要点

　　(1)左拳搂膝时两眼协同动作，到达形神统一；

　　(2)"白蛇吐信"和"转身

按膝拗步冲拳"两式合称"抽拉滑车"，左掌左脚，连戳带踢，抽撤左脚，再以右掌前插，脚踢敌七寸，掌戳其胃脘或咽喉。

图 4-3-13

进步跪腿

 动作方法 见图 4-3-14

（1）双拳于胸前合拢，前臂略并，拳心向里，拳面朝上，双肘对双胯；

（2）双拳同时外摆划圆，双拳收至两肩都，同时从耳边向下栽锤；

（3）上右步跪腿，双拳顶于右膝头，目视右膝。

技术要点

双拳划圆时两眼随左拳动作，形神统一。

图 4-3-14

第四节

第四段

翻子拳大翻子套路第四段包括双飞燕、回身绞肘、叶里藏花、左九翻鸳鸯脚等 14 种技术动作。

双飞燕

动作方法 见图 4-4-1

左脚前踢，右脚踏地起跳，做原地二起脚，右脚绷脚面弹踢，双掌拍击右脚面；目视右脚。

图 4-4-1

起跳时身体要稳，动作协调。

回身绞肘

动作方法 见图4-4-2

（1）右腿弹踢后落于原位，身由右向后转，呈右弓步，双掌变拳，从左方向右双横，右拳横架于胸前，拳心向外；

（2）左拳横劈于腹前，拳心向上，拳面朝前，双肘同时反向相绞，左拳肘横架于胸前，拳心向外；

（3）右拳横劈于腹前，拳心向上，拳面朝前，踢左寸腿，勾脚尖踢起，高不过七寸，目视左脚。

技术要点

（1）右拳横劈时动作发力由身而发，身体协同发力进行；

（2）"进步跪腿""双飞燕"和"回身绞肘"三式合称"跪门求师"，如敌以双撞或扑顶击我时，以两拳向上轰出，再向敌裆部撞打，敌如撤腿，则以左腿踢其裆，如敌再撤，速以右腿钻点，踢其胸部。

图4-4-2

叶里藏花(又称"吊点提篮")

动作方法 见图 4-4-3

（1）左脚落于前，脚尖外
掰，右拳变掌伸直臂，掌心向
上，左拳变掌屈肘，左掌横于
右肘弯上，掌心向前，双掌同
时外拨，右掌掌心向外；

（2）左掌翻至右臂肘下，掌
心向上，右腿提膝，绷脚面弹
踢，目视右脚方向。

技术要点

藏花乍现，动作迅速突然、
准确。

图 4-4-3

左九翻鸳鸯脚

动作方法 见图 4-4-4

(1)右脚落地于前，重心移于右脚，双手十字交叉于胸前，右手在外，左手在里，身体由左向后转，双脚尖同时移向左方；

(2)双掌左右展开，右掌上挑，呈弓背形，掌指向上，左掌向后撩、臂直，掌心向外；

(3)右足不动，左足向后撩踢，左掌拍击左足内侧；

(4)左足落地，前脚掌着地，呈戳丁脚，左掌对左足，右掌扬至右太阳穴外八寸，两膀乍开，目视左足。

技术要点

如敌接我吊点腿时逃走，速转身，以后腿踢敌，同时以翻背掌打敌脸部。

图 4-4-4

 坐盘扫捶

动作方法 见图 4-4-5

（1）身由左向后转，面向场面，右掌变拳向胸前横击，左掌立掌于胸前接右拳腕，身体坐盘，左腿在外，右腿在里；

（2）双拳以肘为轴分向左右甩平，两臂直，呈扁担形，目视右拳方向。

技术要点

坐盘时上体正直，不宜弯曲，两眼目视左腿出腿方向。

图 4-4-5

叼手搓滑仆地锦

动作方法 见图 4-4-6

（1）左拳收拳位，右拳变掌，以腕为轴向右、向外叼手呈拳形；

（2）起身，右足踢寸腿，震脚。夺左足之地，左足前伸呈仆步，左拳变掌从右拳腕上顺左腿推出，至左脚面，掌心对足，右拳收回拳位，目视左脚。

技术要点

（1）顺势动作体会周身发力，动作不易单一进行；

（2）"坐盘担山"和"叼手搓滑仆地锦"二式合称"担山跳滑"，如敌闪身躲腿，速用右拳打敌腰部，如敌击打我头部，速以右手叼敌手腕，以左掌切敌脚。

图 4-4-6

 鹞子出林

动作方法 见图 4-4-7

起身呈左弓步，右拳提肘自肩部栽锤至左膝前，左掌掩于右前臂。

图 4-4-7

两眼跟随动作进行，弓步准确。

❋ **动作方法** 见图 4-4-8

右拳翻肘，从面前上架至右太阳穴外，身向右倾，重心移于右腿，左臂向左下方掉肘撩阴，左掌掌心向外，位于左胯外，目视左掌。

❋ **技术要点**

动作一气呵成，勿分解进行。

图 4-4-8

挑打托丁

动作方法 见图 4-4-9

（1）身体拧腰左转，右臂调肩，右拳向下从右胯外以拳面为领向上挑打，拳与鼻尖齐；

（2）左掌翻掌，指尖向前，以肘为辅上扬于胸前接右拳腕，重心移于左足；

（3）右足勾脚尖踢寸腿，高不过七寸。

技术要点

（1）寸腿发力迅速，重心移动平稳；

图 4-4-9

（2）"鹞子出林""鹞子翻身"和"挑打托丁"三式合称"崩拦挑丁"，右栽锤打敌胸腹，左撑肘式为撩阴，如敌向我扑头，则以右拳挑拨敌扑手，再挑打敌鼻梁，并以右足搓敌七寸。

动作方法 见图4-4-10。

双拳并合，两前臂平行，拳心向上，以腰为轴，腰带肩胯，肩带肘，从左向右靠挤，双臂划圆一周，胯、腰、肩三部挤靠。

技术要点

右膝左足支撑，随靠挤左足尖向右方移动，目视双拳。

套路

图4-4-10

十字震方锤

动作方法 见图 4-4-11

（1）右脚向后撤步转身，呈右弓步，与拳路横线左斜45度角，双拳向右方甩，右拳甩平，臂直；

（2）拳眼向上，拳心向外，左拳屈肘，停于右胸前，拳眼向上，拳心向里；

（3）随即同时向左摔打，左拳捧平，臂直，拳眼向上，拳心向外，右拳架于右太阳穴外八寸处，拳心向外，肩臂与右弓步呈十字形，目视左拳。

技术要点

身体协调转身发力，不易单独上肢发力，动作协调。

图 4-4-11

转身钻天炮

套路

动作方法 见图 4-4-12

（1）左拳向右腋下插，右拳从左肩外向上挑，左脚脚尖外摆，以左脚为圆心，右脚向左后方迈步，身转 135 度，面对出式方向；

（2）左拳由右腋下向左摆，然后向上划弧，摆到左肩上方时，从胸前扣下，拳心向斜下方，右拳从左肩上挑，向右后方劈下划圆，收到右肋；

（3）右拳拳心向上从胸前向上钻打，至与鼻尖平，拳心向里，拳面朝上，左拳则扣至右肘下，步呈左虚丁步，目视右拳。

技术要点

控制转身角度。

图 4-4-12

圈打单架翅

动作方法 见图 4-4-13

(1)左拳从右肘下出，向上架，掌心向外，架至面前向左划圆，并收至拳位；

(2)右拳回撤，向身体右后方下摆，以肩带肘，拳尾向上圈打，位至对方太阳穴处；

(3)以腰带肩，肩带撑肘，肘带拧腕，右拳翻成拳尾朝上，位至右太阳穴外八寸处，步形不变，目视左方。

图 4-4-13

技术要点

（1）拧腕动作需清晰且准确，做动作时脚下步形不变；

（2）"转身钻天炮"和"圈打单架翅"二式合称"鹞子钻天单架翅"，如敌正面击我，则以左拳扣打，以右拳钻打，如敌发另拳击我，则以左拳反向架格，以右拳击打，反之亦可。

动作方法 见图 4-4-14

（1）右拳变掌，右肘领右掌向胸前掩肘，掌心向里，从脸前划过，腰为轴左拧，腰带肩，肩带肘，目随右掌；

（2）左腿向右脚后撤，呈侧插步，左拳变掌，掌心向里，以肘为领向胸前掩肘，掌从脸前划过，撤右腿，右掌向胸前与左掌交叉，双臂同时展开，坠肘，双掌心向上慢慢托起，目视左掌；

（3）步呈高桩马步，随后，并右腿，身体直立，双掌向胸前合拢，十指相对，由胸前向腹部丹田徐徐按下，双手自然放下，身体恢复预备式；

（4）狸猫洗脸是双掩肘的动作，如敌连环直拳击我，则以掩肘格拨，化敌之劲，再以其他招式反击。

套路

技术要点

目光随动作协调变换，动作以简明扼要，快速干净为佳。

图 4-4-14

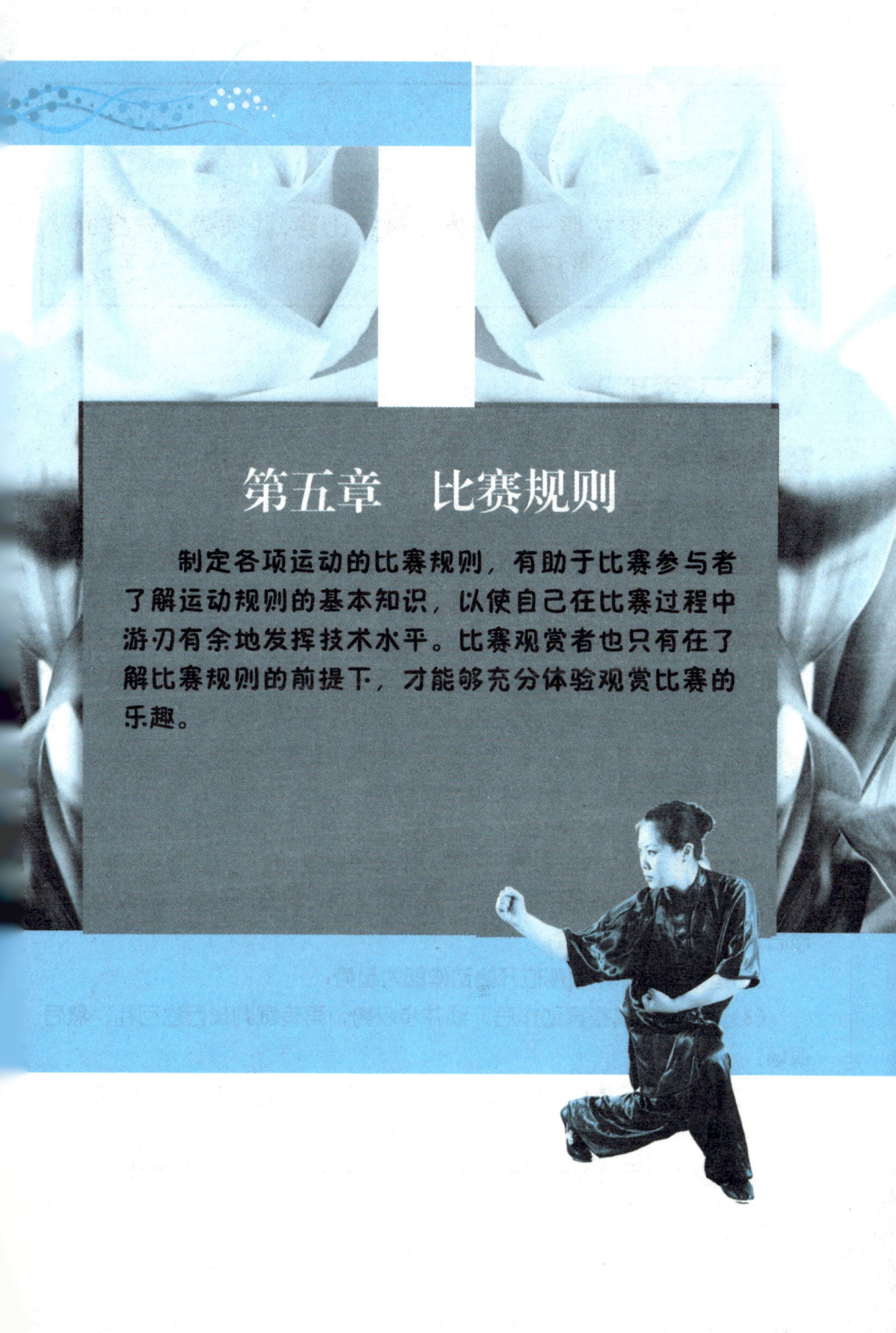

第五章　比赛规则

制定各项运动的比赛规则，有助于比赛参与者了解运动规则的基本知识，以使自己在比赛过程中游刃有余地发挥技术水平。比赛观赏者也只有在了解比赛规则的前提下，才能够充分体验观赏比赛的乐趣。

比赛方法

　　运动员要按照一定的方法进行比赛,并须遵循一定的规则,以使比赛有序进行。

比赛安排

比赛类型

翻子拳比赛包括个人赛和团体赛。

年龄组别

　　(1)成年组。18周岁以上(含18周岁)。

　　(2)少年组。12~17周岁。

　　(3)儿童组。不满12周岁。

比赛流程

　　比赛流程包括进场、起势、收势、退场等。

　　(1)运动员听到点名或看到电子显示姓名后,应立即进场,待裁判长示意后,即可走向起势位置;

　　(2)运动员身体任何部位开始动作即为起势;

　　(3)运动员完成整套动作后,须并步收势,再转裁判长行注目礼,然后退场;

　　(4)运动员应在同侧场内完成相同方向(左右不得超过90度)的起势与收势;

　　(5)运动员听到上场比赛的点名和赛后示分时,应向裁判长行抱拳礼。

第二节

裁判方法

在比赛过程中,裁判人员通过履行其职责,进行正确的裁判工作,来保证比赛的公平、公正。

裁判人员包括裁判长和裁判员。其中,裁判员包括 3～5 名评判动作规格的裁判员和 3～5 名评判演练水平的裁判员。

比赛满分为 10 分,其中动作规格分值为 6.8 分,演练水平分值 3.0 分,创新难度分值为 0.2 分。

动作规格分

动作规格分满分为 6.8 分。裁判员根据运动员现场发挥的技术水平,按照动作规格要求,减去该动作规格中出现的错误扣分和其他错误的扣分,即为运动员的动作规格分。

1.动作规格扣分

(1)凡手形、步形、身形、手法、步法、身法、腿法、跳跃和平衡与要求轻微不符者,每出现一次扣 0.05 分,与要求显著不符者,每出现一次扣 0.1 分,与要求严重不符者,每出现一次扣 0.2 分,一个动作出现多种错误时,最多扣分不得超过 0.2 分,出现三次以上扣 0.5 分;

(2)同一手形每出现一次轻微错误扣 0.05 分,出现两次扣 0.1 分,出现

三次以上扣 0.2 分，同一步形、步法出现一次轻微错误扣 0.05 分，出现两次扣 0.1 分，出现三次以上扣 0.3 分，出现一次显著错误扣 0.1 分，两次扣 0.2 分，出现三次以上扣 0.5 分；

（3）凡手法、步法中有动作不清的轻微错误，出现一次扣 0.05 分，出现两次扣 0.1 分，出现三次以上扣 0.3 分，出现一次显著错误扣 0.1 分，出现两次扣 0.2 分，出现三次以上扣 0.5 分。

2. 其他错误扣分

下列错误每出现一次，根据不同程度，予以扣分：

（1）遗忘动作，扣 0.1～0.2 分；

（2）服装影响动作，扣 0.1～0.2 分；

（3）失去平衡，晃动、移动、跳动扣 0.1 分，附加支撑扣 0.3 分，倒地扣 0.5 分；

（4）规定套路的动作路线、方向错误，扣 0.1 分。

❋ 演练水平分

演练水平分满分为 3 分。裁判员根据运动员现场表现的整套演练水平，按照翻子拳在劲力、演练技巧、编排等方面的标准，整体比较，确定扣分，从该类分值中减去应扣分数，即为运动员的演练水平分。

1. 劲力水平分值为 1 分（劲力、协调各占 0.5 分）

凡劲力充足，用力顺达，力点准确，手、眼、身、法、步配合协调，动作干净利落者，不予扣分；凡劲力或协调与要求轻微不符者，扣 0.05～0.1 分；凡与要求显著不符者，扣 0.15～0.3 分；凡与要求严重不符者，扣 0.35～0.5 分。

2. 演练技巧分值为 1.5 分（精神、节奏、风格各占 0.5 分）

凡精神饱满，节奏分明，风格突出者，不予扣分，凡精神、节奏、风格的任何一面与要求轻微不符者，扣 0.05～0.3 分；凡与要求严重不符者，扣 0.35～0.5 分。

3. 编排（内容、结构、布局）分值为 0.5 分

凡符合内容充实、结构合理、变化多样、布局匀称的要求的，不予扣

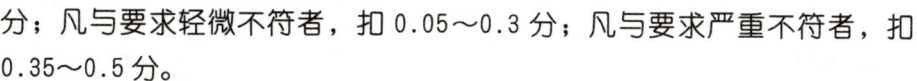

分；凡与要求轻微不符者，扣 0.05～0.3 分；凡与要求严重不符者，扣 0.35～0.5 分。

裁判员的示分

裁判员所示分数可到小数点后两位，小数点后第二位数必须是 0 或 5。

应得分数

动作规格分与演练水平分之和即为运动员的应得分数。动作规格分与演练水平分的确定方法为：

(1)3 个裁判员评分时，取 3 个分数的平均值为运动员的应得分；

(2)4～5 个裁判员评分时，去掉最高分和最低分，取中间 2 个或 3 个分数的平均值为运动员的应得分；

(3)运动员的应得分数只取到小数点后两位，小数点后第三位不作四舍五入。

裁判长的扣分

起势、收势

(1)起势与收势方向不符合要求者，扣 0.1 分；

(2)起势与收势有意拖延时间，一个动作达 8 秒者，扣 0.1 分，达 10 秒者，扣 0.2 分，达 12 秒者，扣 0.3 分。

重做

(1)运动员因客观原因，造成比赛套路中断者，经裁判长许可，可重做一次，不予扣分；

(2)运动员动作遗忘、失误等原因造成比赛套路中断者，可重做一次，扣 1 分；

(3)运动员临场受伤不能继续比赛者，裁判长有权令其中止，经过简单治疗即可继续比赛的，可安排在该组最后一名上场，按重做处理，扣 1 分。

❋ 出界

身体的某一部位接触边线外地面，扣 0.1 分，整个身体出界，扣 0.2 分。

❋ 平衡时间不足

凡指定的持久平衡动作的静止时间不足 1 秒者，扣 0.2 分，不足 2 秒者，扣 0.1 分。

❋ 不足或超出规定时间

如果没有在规定时间内完成套路，不足或超出规定时间在 2 秒内者(含 2 秒)，扣 0.1 分，在 2 秒以上至 4 秒以内者(含 4 秒)，扣 0.2 分，依次类推。

❋ 服装不符合规定

在比赛中，发现运动员服装违反规定，则取消其该项成绩。

❋ 动作组别不够

任何自选套路，动作组别少于规定的要求时，每少一个手形、步形、腿法、跳跃、平衡动作和规定的一种方法，扣 0.3 分。步形和平衡动作，均以定势为准，过渡的或一晃而过的都不算规定的步形和平衡。

❋ 规定套路的动作缺少或增加

(1)漏做或多做一个完整的动作，扣 0.2 分；

(2)跳跃动作的助跑步数或行进动作的步数缺少或增加，每出现一次，扣 0.1 分。

❋ 指定动作的扣分

(1)如未选择一组指定动作，除扣去该组指定动作的难度分值外，还应按漏做动作扣分，每漏做一个动作扣 0.3 分；

(2)附加或漏做一个或几个动作时，按动作附加或漏做动作扣分，每附加或漏做一个动作扣 0.3 分；

（3）改变动作可视为附加或漏做；

（4）每改变一次规定要求的方向，扣 0.3 分，如果由于方向改变出现附加或漏做，则应按附加或漏做扣分；

（5）重做指定动作的部分或全部，对动作中错误的扣分，以第一次完成的动作为准；

（6）因自选套路指定动作位置确定表填报错误，将在该项最后得分中扣 0.3 分。

 ## 裁判长对评分的调整

（1）当评分出现明显不合理现象时，在出示运动员最后得分前，裁判长须报告总裁判长，经总裁判组同意，可召集场上裁判员协商或同个别有关裁判协商，改变分数；

（2）当有效分数（除去最高与最低）之间出现不允许的差数时，在出示运动员的最后得分前，裁判长可召集场上裁判员协商或同个别有关裁判协商，改变分数。

 ## 最后得分

裁判长从运动员的应得分中减去"裁判长的扣分"再加上"创新难度动作加分"，即为运动员的最后得分。